Thakar Singh
Gott liebt uns all

THAKAR SINGH

# GOTT
# LIEBT UNS ALLE

Ausgewählte Vorträge
Europa und Nordamerika 1997

EDITION NAAM

Die Deutsche Bibliothek - CIP-Einheitsaufnahme

Singh, Thakar:
Gott liebt uns alle:
Ausgewählte Vorträge Europa und Nordamerika 1997;
[übersetzt aus dem englischen Originaltext] / Thakar Singh.-
Cadolzburg: Ed. Naam, 1998
ISBN 3-930103-38-9

Übersetzt aus dem englischen Originaltext



Umschlagentwurf: Heide Birkelbach, Wangen
Druck: Offset Druckerei Pohland, Augsburg

ISBN 3-930103-38-9

# Inhaltsverzeichnis

# Vorwort

Die Worte „Gott" und „Liebe" sind in vieler Munde. Wer aber kann über Gott und wahre Liebe wirklich kundige Aussagen machen?

Mit der ihm eigenen Autorität und Überzeugungskraft sagt der spirituelle Meister Thakar Singh: Gott liebt uns alle, seine Liebe ist bedingungslos und für jeden erfahrbar. Er hat uns mit allem ausgestattet, damit wir uns auf den Weg in unsere wahre Heimat machen können. Gott hier und jetzt zu begegnen ist möglich, wenn wir die Augen unserer Seele öffnen, nach innen gehen und uns ihm zuwenden.

Sant Thakar Singh macht uns Mut, beschreibt den Weg zu Gott und bietet sich als Begleiter an. Seine Aufgabe besteht darin, allen, die danach verlangen, Gotterkenntnis zu vermitteln.

Bei seinem Aufenthalt in Europa und den USA im Jahr 1997 beschreibt der Meister immer wieder die Beziehung zwischen Mensch und Gott. Das vorliegende Buch gibt eine Auswahl dieser Vorträge wieder.

Wir wünschen unseren Lesern ein offenes Herz, um an der großen Wahrheit des Lebens teilzunehmen und selbst zu erfahren, daß „in Gott nichts unmöglich ist".

Edition Naam

# Gott ist in uns allen

*Florida, 23.10.1997*
*Abendvortrag*

Die Realität, meine Lieben, sieht so aus, daß es im Äußeren nur so etwas wie vergängliche Figuren aus Staub gibt, während alles, was echt ist und überdauern wird, im Inneren liegt. Es ist wie im Kino, wo die Gestalten kommen und gehen, auftauchen und verschwinden - was bleibt davon? Am Ende nur die weiße Leinwand, also nichts. Der Film beginnt aus dem Nichts, spult nach bestimmten Vorstellungen ohne einen realen Hintergrund ab und endet wieder im Nichts.

Der Mensch aber ist etwas Reales! Die restliche Welt mag nur aus Vorstellungen bestehten, die Bäume und die Pflanzen, die Häuser und auch die Leute mögen kommen und gehen, erscheinen und vergehen. Vor einiger Zeit gab es sie noch nicht, jetzt sind sie vorhanden, und irgendwann sind sie wieder verschwunden. Beim Spaziergang unterhielten wir uns darüber, was für großartige, imponierende Gebäude es hier gibt, und ich fragte: „Wann sind sie denn entstanden?" Man sagte mir, vor 24, 25 oder 30 Jahren. Das heißt, vor etwas mehr als 30 oder 40 Jahren gab es sie überhaupt noch nicht.

Tatsächlich haben sich viele Länder, auch die USA, erst nach dem Zweiten Weltkrieg richtig entwickelt, während vorher nur wenig vorhanden war. Nach einiger Zeit wird es wieder dasselbe sein, denn alle Dinge auf dieser Welt sind so geartet, daß sie erscheinen und wieder vergehen, auftauchen und verschwinden, und der Mensch wird in diesem substanzlosen Spiel nichts als irregeführt.

Es ist aber nicht so, daß Gott nichts geschaffen hätte. Er hat den Menschen mit allem gesegnet. Warum muß der Mensch denn dann Tag und Nacht ununterbrochen schuften? Welchen Sinn hat das? Was ist der Grund dafür? Muß die Sonne arbeiten oder der Mond? Müssen Bäume und Pflanzen arbeiten? Müssen die anderen Lebewesen, müssen Kühe, Ziegen oder Schafe arbeiten? Haben sie irgendeine Verantwortung zu tragen? Nein. Sie leben einfach in der Natur und freuen sich daran. Kommt es denn vor, daß sie leiden? Nein, keineswegs! Weder klimatische Veränderungen noch extreme Temperaturen machen ihnen etwas aus.

In Indien hatte ich einen Freund, der später Arzt wurde. Vorher hatte er der Welt entsagt. Ein Tuch, ein Stück Leinen, war alles, was er am Körper trug. Ich fragte ihn einmal - denn er hatte schließlich drei, vier Jahre so gelebt - daß dies im Sommer ja eine einfache Sache wäre, aber im Winter? In Nordindien gibt es sehr strenge Winter, zwar ohne Schnee, aber doch mit Frost, der nicht so leicht auszuhalten ist. Er antwortete mir: „Ich habe diese Jahreszeit auch ausgehalten. Im ersten Jahr fiel es mir schon etwas schwer, ich spürte die Kälte noch sehr. Aber im zweiten Jahr kam es mir schon ganz normal vor, und im dritten Jahr hatte ich überhaupt keine Schwierigkeiten mehr." Der Körper jedes Lebewesens hat nämlich von Gott die Eigenschaft erhalten, sich an die vorhandenen Umstände anzupassen. Auch die Lebewesen, die an Nord- und Südpol leben, leiden nicht unter der Kälte. Sie haben sich angepaßt, ihre Haut hat sich daran gewöhnt. Mit eurem Gesicht verhält es sich ebenso. Den Körper hüllt ihr dick ein, aber das Gesicht laßt ihr frei. Warum empfindet ihr die Eiseskälte nicht im Gesicht? Einfach weil sich die Gesichtshaut daran gewöhnt hat, auch extreme Temperaturen, denen sie oft ausgesetzt wird, auszuhalten.

Ganz ähnlich verhält es sich mit Vögeln und sonstigen Tieren, die ohne Behausung, ohne Kleidung und ohne Unterkunft leben. Diese Lebensweise ist ihnen zur Natur geworden, und sie geben sie Generation um Generation an die Nachkommen weiter, so daß sie für diese nun ganz normal ist. Wenn ihr ihnen etwas anziehen würdet, würden sie das nicht mögen, es käme ihnen ganz überflüssig und unangenehm vor.

Das Leben auf dieser Welt wurde so gestaltet, daß sich jeder unabhängig vom anderen erhalten kann. Warum ist es denn für den Menschen zu einem solchen Problem geworden? Geht man zu einem Menschen, steht man vor einem einzigen, großen Problem. Er ist der einzige, der ein Problem darstellt; das ist bei keinem einzigen anderen Lebewesen der Fall. Woher kommt das? Es kommt daher, daß der Mensch nicht gelernt hat, richtig zu leben. Die Art, wie die anderen Lebewesen ihr Dasein fristen, ist eben nicht für den Menschen geeignet. Er ist etwas ganz besonders Großartiges und Wunderbares.

Der Mensch muß unbedingt dieses herrliche, unvorstellbar schöne Leben finden und es als Gott genießen! Wenn er sich nicht als Gott erfreut, gerät er in einen Leidenszustand, wie ihn kein anderes Lebewesen in seinem irdischen Dasein oder auch nach dem Verlassen des physischen Körpers je erfahren hat. Wenn ihr unglücklicherweise einmal zufällig einen Blick in die Höllen werft, werdet ihr dort nur Menschen und keine anderen Lebewesen sehen. Warum werden sie in die Hölle geschickt? Was haben sie getan, das die anderen Lebewesen nicht getan haben? Muß nur der Mensch angeklagt und mit Höllen bestraft werden? Ja, das ist so. Welches Verbrechen hat er denn begangen? Sein Vergehen besteht nicht darin, daß er andere umgebracht oder Raub und Diebstahl oder dergleichen begangen hätte. Nein, diese Dinge sind nicht von Bedeutung.

Des Menschen größtes Vergehen besteht darin, daß er das Geschenk bzw. die Lebensweise, die ihm von Gott verliehen wurde, nicht angenommen, sondern zurückgewiesen hat. Statt dessen hat er alles akzeptiert, was ihm der Satan anbot. Das ist das Schlimmste! Sein Leid wird niemals ein Ende nehmen, solange er nicht aufhört, dem Bösen und dessen Anweisungen zu folgen, und sich nicht der richtigen Lebensweise zuwendet. Der Mensch sollte auf das zu hören, was Gott sagt, und dann versuchen, es zu verstehen und Gott zu bitten, ihm dabei zu helfen.

Der Mensch braucht nichts zu tun. Gott wird euch nicht auffordern: „Geh aufs Feld, pflüge das Land, säe Samen aus, tu dieses und tu jenes." So geht Gott nicht mit euch um. Er wird vielmehr sagen: „Hör nur auf mich, komm zu mir, mein Lieber, das ist das Einzige, was du zu tun hast. Es kommt nur darauf an, daß du zu mir kommst. Ich werde dich empfangen, dich aufnehmen und in Ewigkeit bei mir behalten. Du brauchst niemals zu leiden und niemals zu arbeiten. Noch während du auf dieser Welt lebst, will ich für all deine Angehörigen, all deine Aufgaben und Belange überall einstehen." Mein Meister sagte auch immer: „Wenn ich dir eine Arbeit übertrage und du erledigst sie, dann will ich hundert deiner Arbeiten erledigen. Ich will hundertmal mehr für dich tun, wenn du tust, was ich dir sage. Was du nach meiner Weisung tust, tust du nicht für mich, sondern es wird dir zugute kommen. Ich brauche nichts, ich bin bereits vollkommen." Gott und der Meister sind schon vollkommen. Was könnten sie von jemand anderem nehmen? Wenn mich jemand besucht und ich ihn frage: „Was kann ich für dich tun?", und er sagt: „Es ist alles in Ordnung, mir geht es gut, ich bin zufrieden", was kann ich dann tun? Ich kann diesem Menschen mit nichts dienen. Nur ein Hungriger oder Durstiger, ein Kranker oder jemand mit Problemen und Sorgen wird um etwas bitten oder etwas haben wollen.

Wir sind Bittsteller! Denn wir leiden. Und weshalb leiden wir? Hat Gott uns zu Leidenden, zu Hungrigen, Durstigen und zu Bittenden gemacht? Nein! Könnt ihr euch vorstellen, daß Gott uns in irgendeine Lage bringen könnte, in der wir leiden? Ist so etwas von ihm zu befürchten? Euer Vater würde so etwas niemals wollen. Selbst euer weltlicher Vater wird euch kein Leid zufügen wollen. Er wird euch auf bestmögliche Art und Weise unterstützen wollen, damit es euch gutgeht. Ihr sollt auf keinen Fall leiden, darum wird er sich zumindest bemühen, ob es ihm nun gelingt oder nicht. Wie aber steht es um das Herz unseres himmlischen Vaters? Er hat wirklich ein wundervolles Herz! Er schuf den Menschen, wie es in der Genesis beschrieben wird: „Und Gott schuf den Menschen nach seinem Bild. Nach Gottes Bild schuf er ihn, und schuf einen Mann und eine Frau."

Wo ist der Mensch geblieben, den Gott nach seinem eigenen Vorbild formte und der den physischen Körper aus dem Staub der Erde erhalten hat? Wer ist also der ursprüngliche Mensch, der nach dem Vorbild Gottes geschaffen wurde? Gott ist weder männlich noch weiblich, er hat nicht einmal ein bestimmtes Aussehen. Er ist eine unvergängliche, bewußte Existenz, die nicht auf irgendwelche Merkmale beschränkt ist, so wie wir zum Beispiel mit den Augen sehen, mit den Beinen gehen oder mit den Händen arbeiten. An Gott ist nichts zu sehen, er geht nicht und er arbeitet nicht. Aber ihr seid mit den gleichen Fähigkeiten versehen wie Gott, die ganz von selbst ohne wahrnehmbare Kennzeichen funktionieren. Ihr seid allgegenwärtig. Wo immer ihr seid, könnt ihr euch ausdehnen oder zusammenziehen und alles tun, was ihr wollt. Ein Gedanke genügt, und ihr könnt auf diese Weise zu allem werden.

Wenn ich einen solchen Menschen beschreibe, werdet ihr nicht einmal begreifen, daß ihr das seid. Aber wenn ihr euer Selbst enthüllt, wenn ihr ablegt, was männlich oder weiblich ist, was euch ja erst später hinzugefügt wurde, wenn ihr das übersteigt, werdet ihr es zu begreifen beginnen. Dann werdet ihr euer Selbst erblicken und sehen, wie herrlich und wunderbar ihr seid, wie ihr ausseht, was ihr besitzt und welche Kompetenzen ihr habt. Ihr werdet alles erkennen, was zu erkennen ist. Ihr werdet auch erfahren, was es mit dieser Welt, mit dem physischen Körper und euren Beziehungen zu anderen auf sich hat. Alles wird kristallklar vor euch erscheinen und von selbst sprechen: „Ich bin dies, ich bin das, und ich bin jenes". Dann seid ihr nicht mehr von Mitteilungen oder auch nur irgendwelchen Hinweisen anderer abhängig.

Wenn wir jetzt etwas anschauen, halten wir es vielleicht für eine Ziege oder ein Schaf, aber in Wirklichkeit handelt es sich um einen reißenden Wolf. Wir halten jemanden für heilig, aber es kann sich auch um einen Betrüger oder Räuber handeln, denn unsere Fähigkeit, etwas mit den Sinnesorganen zu erkennen, ist beschränkt. Unser Selbst aber weiß alles, es ist voller Wissen und Weisheit. Ihm bleibt nichts verborgen, alles liegt offen und unverhüllt vor ihm. Somit sind wir in der Lage, die richtige Entscheidung zu treffen, ohne getäuscht zu werden. Manchmal benutzen die Leute Taktiken, sie denken das eine, sagen etwas anderes und tun noch etwas anderes. Denken, Reden und Handeln sind dann nicht im Einklang. Solche Dinge sind in dieser Welt, in der wir leben, möglich, und wir können sie uns antrainieren und alle möglichen Gewohnheiten ausbilden.

Zu jedem, den wir treffen, sagen wir: „Guten Tag, mein lieber Freund!“ Aber wir meinen nicht wirklich: „Guten Tag“, sondern denken: „Ach, verschwinde bloß!“ Wären wir ehrlich, würden wir sagen: „Geh mir aus den Augen! Welch ein Pech, dir zu begegnen!“ Statt dessen sagen wir scheinheilig: „Einen schönen guten Tag!“ Ein solches Verhalten wurde uns anerzogen. Ohne solche Floskeln könnt ihr auf dieser Welt kaum auskommen. Ja, wir sollten sogar noch diplomatischer, noch schlauer und gewitzter als die Welt sein, um mit allem, was hier vor sich geht, mithalten zu können. Nur wenn ihr die anderen übertrumpft, könnt ihr überleben. So spielt es sich hier auf der Welt ab.

Leben wir jedoch in unserem Selbst, kann sich das Verhaltensmuster der Welt nicht auf uns auswirken, denn wir stehen darüber. Handeln wir wie die Masse, leiden wir mit ihr. Erheben wir uns über sie, können wir sie von oben betrachten und sehen, was da überall vor sich geht. Wir können erkennen, was geschieht, ohne daß es sich auf uns auswirkt. Uns geht es gut, wir erkennen alles und können unserem Wunsch entsprechend handeln, da uns nichts beeinflußt, ja wir können sogar Einfluß auf die Situation nehmen.

Das Leben wurde dem Menschen gegeben, damit er sich bis zur Ebene Gottes erhebt. „Seid vollkommen, wie euer Vater im Himmel vollkommen ist!" Sind diese Worte der Bibel unzutreffend oder unrichtig? Sind sie überhaupt in die Praxis umzusetzen? Ihr, beziehungsweise die meisten von euch, meinen möglicherweise, daß sie sich nicht verwirklichen lassen, denn unser Gemüt kann dies nicht annehmen. Aber diese Einschätzung ist nicht richtig. Probiert es doch erst einmal aus! Wenn euch jemand sagt, eine bestimmte Frucht sei ganz besonders wohlschmeckend und süß, dann behauptet doch nicht einfach, ihr Geschmack sei schlecht und bitter und sie sei ungenießbar! Probiert sie erst, kostet sie, und wenn ihr ihren Geschmack kennt, könnt ihr darüber entscheiden.

Ich denke, all die Worte in den vielen Schriften wurden doch von überragenden Meistern in ihrer jeweiligen Zeit niedergeschrieben oder gesprochen. Diese galten als groß und bedeutend, und ihre Worte waren voller Weisheit. Sie sagen alle das gleiche: „Meine Lieben, warum leidet ihr? Ich will euch von allen Schmerzen, allen Sorgen, allen Krankheiten und sogar vom Tod befreien." In der Bibel stehen so viele Verheißungen und Zusicherungen, obgleich die Bibel nicht einmal vom Meister selbst, sondern erst später von seinen Anhängern geschrieben wurde. Ich meine, daß eine Mitteilung aus zweiter Hand nicht genau dem Wortlaut aus erster Hand entspricht. Das, was ihr sagt, überbringt ein Bote nicht mit den gleichen Worten. Es wird ein Unterschied sein.

Es gibt aber auch andere heilige Schriften, die von den Meistern selbst verfaßt wurden, wie zum Beispiel der Adi Granth *(die heilige Schrift der Sikhs)*. Er ist in meiner Muttersprache geschrieben. Ich verstehe ihn Wort für Wort, ohne Übersetzung, und ich habe ihn und noch viele andere Schriften gelesen. Sie alle sagen das gleiche aus, und was ist das? Daß all eure Probleme gelöst werden! Das versichern sie. Sie garantieren euch: „Wenn ihr dem von uns gewiesenen Weg folgt, werdet ihr niemals mehr leiden. Das Wort 'Leid' gehört nicht zu eurem Wortschatz. Es mag zum Wortschatz der anderen Menschen auf der Welt gehören, aber wer mir nachfolgt, meinen Anweisungen und Lehren folgt, für den gibt es die Worte 'Leid' oder 'Problem', 'Sorge', 'Krankheit' oder 'Tod' niemals. Ihr seid vollkommen, so wie ich vollkommen bin."

Nicht nur in der Bibel findet man detaillierte Beschreibungen mit vielen wunderbaren Einzelheiten über die Vollkommenheit, was ein vollkommener Mensch alles tun kann und was für eine Art von Leben er führt. Sie schildern seine Macht, die er während seines Lebens auf dieser Welt oder beim Verlassen des Körpers innehat. Sie beschreiben auch seinen Zustand nach dem Verlassen des Körpers, und wo er sich für den Rest seines Daseins aufhalten wird. In dicken Bänden sind alle Details genau aufgeführt. Es ist noch nicht lange her, vielleicht 500 Jahre, daß diese Meister lebten, die uns ihre Aufzeichnungen hinterließen. Ihr werdet feststellen, daß es selbst heute noch Meister gibt, die euch aus ihrer eigenen Erfahrung berichten. Sie entnehmen ihre Informationen nicht den Schriften oder irgendwelchen Aufzeichnungen der vergangenen Meister, sondern erhalten ihre Eingebungen direkt von Gott.

Ich habe verschiedene Schriften von Meistern studiert, die in verschiedenen Ländern und zu verschiedenen Zeiten auftraten. Damals gab es keine Verkehrsmittel wie Busse, Züge, Flugzeuge oder dergleichen, und die Sprache war in den verschiedenen Landstrichen sehr unterschiedlich. Aber ich erkannte, daß die Aussagen bei allen das gleiche enthielten, als ob sie es voneinander kopiert hätten. Es besteht kein Unterschied. Sie alle sagen das gleiche aus, sie berichteten dasselbe. Es ist offensichtlich, daß sie nicht die Schriften der früheren Meister gelesen und auch keinen Kontakt mit ihnen gehabt hatten. Woher kommt dann die Ähnlichkeit in ihren Aussagen?

Die Übereinstimmung erkläre ich mir folgendermaßen: Wenn ich irgendwohin gehe und dort etwas spreche und mich am nächsten oder übernächsten Tag an einen anderen Ort begebe, werde ich meine Lehren und Anweisungen deshalb nicht ändern. Ich werde stets das gleiche sagen. Solange ich selbst unterwegs bin und rede, unterscheide ich mich ja nicht von dem Redner, der am vorherigen Ort gesprochen hat. Das besagt auch der Satz: „Wie er sprach durch den Mund seiner heiligen Propheten seit Anbeginn der Welt." Wann immer ein Meister in irgendeinem Land erschien und in irgendeiner Sprache redete, sprach im Grunde Gott aus ihm, der ewig ist und sich niemals wandelt. Gott bediente sich der jeweiligen Sprache, und so sprach überall derselbe Redner, der sich überall an Menschen und nicht an andere Lebewesen wandte, so daß er seine Worte nirgendwo zu verändern brauchte.

Das erachte ich als den Grund, warum alle Schriften dasselbe aussagen - über Gott, seine Existenzform, seine Macht, Verbindung zu dieser Welt und die Art und

Weise, wie er alle Dinge erschaffen hat. Sie schildern auch die momentane Verbindung zu ihm und weshalb es Probleme, Sorgen, Leiden und Krankheiten auf dieser Welt gibt und wie sie behoben werden können; wie wir ein Leben führen können, das genau so vollkommen ist wie das Leben Gottes und wie dieses Leben sein wird - alles, in allen Einzelheiten. Es sieht aus, als ob dies sehr lange Ausführungen sein müßten, aber sie sind sehr direkt und einfach und nicht schwer zu verstehen. Unsere Augen gebrauchen wir auch alle auf die gleiche Weise. Keiner hat die Augen hinten oder rechts oder links, so daß er sie unterschiedlich benutzen würde. Bei jedem Menschen in jedem Land und jedem Zeitalter, in dem es Menschen gab, verhielt es sich gleich, denn Gott schuf alles vollkommen, nach seinem Bild. Niemals hätte jemand etwas daran ändern wollen oder das auch nur für nötig befunden.

Bei uns läuft es anders. Wenn ein Auto seit fünfzig Jahren hergestellt wird, wurde das Modell auch Jahr für Jahr verändert. Immerzu wurden Änderungen durchgeführt. Es traten Fehler auf, irgendwelche Schwächen und Defekte, und man wollte sie beheben. Sobald sie bereinigt waren, stellte man fest: „Mit dem, was wir getan haben, ist es uns zwar gelungen, ein Problem zu beheben, aber jetzt ist ein anderes aufgetaucht." So muß im nächsten Jahr die Konstruktion des Modells wieder geändert werden. In keinem Jahr findet man also die gleiche Ausführung wie im Vorjahr.

Immerzu sind Verbesserungen nötig, und das setzt sich endlos fort. Denn was jemand macht, der nicht vollkommen ist und der die Kenntnisse und das Wissen des Schöpfers nicht besitzt, kann nur seinem eigenen Standard genügen, das heißt, er ist unvollkommen. Was auch immer diese Person an späteren Verbesserungen vornehmen wird, es wird daran nichts ändern, so daß weitere Nachbesserungen nötig sind und auch zusätzliche Schwierigkeiten und weitere Probleme entstehen. Wenn aber Gott irgend etwas geschaffen hat, ist das anders. So gibt es zum Beispiel die Krähe, die Taube, die Henne oder auch Mann und Frau schon seit über zehntausend Jahren. Niemals ist eine Änderung am 'Modell' einer Katze oder eines Hundes notwendig gewesen. Nie hat eine Katze keinen Schwanz oder einen Schwanz an der falschen Stelle gehabt.

Seit dem Beginn der Welt, in ihrer ganzen Geschichte, soweit wir sie kennen, erschuf Gott die Dinge, und alles funktionierte perfekt und tut es auch heute noch. Wenn irgendwo Schwierigkeiten und Probleme auftauchen, dann nur durch das, was wir unvollkommenen Menschen aus dem Gemüt geschaffen haben. Unser Verstand, Gemüt und Körper sowie alle Informationen aus dieser Welt sind völlig unzureichend. Wenn wir anfangen, etwas, das ein Vollkommener gemacht hat, nach den Regeln von Unvollkommenen zu benutzen, kommt anstelle eines Nutzens etwas ganz Unzulängliches heraus, das der Sache ganz zuwiderläuft. Was eigentlich wunderbar ist, bewerfen wir mit Schmutz und behaupten dann, es sei schmutzig und unschön und würde uns Sorgen bereiten. Dabei schaffen wir uns die Probleme selbst und finden nicht mehr heraus.

Daß alles von Gott geschaffen wurde, sagen alle Schriften, und wir haben diese Tatsache zu akzeptieren. Alles wurde von ihm gemacht. Also sollten wir auch zu Gott gehen, der unseren Körper geschaffen hat! Weder unsere Mutter noch unser Vater haben uns geschaffen. Es heißt ganz klar: „Gott schuf den Menschen." Gott hat uns also gemacht. Deshalb sollten wir uns an ihn wenden: „Bitte, da ist eine Sorge, ein Problem für mich, ich habe Durchfall, ich habe Kopfschmerzen, es tut so weh, bitte sag mir, was ich tun kann!“ Er wird euch erklären: „Mein Lieber, ich sage dir, woran es liegt. Das solltest du in Zukunft nicht mehr tun, wende dich in jene Richtung!“ Was er euch raten wird, wird in alle Ewigkeit vollkommen sein. Dann wird es keine Schwierigkeit und kein Problem mehr für euch geben, weil derjenige, der die Dinge im Original geschaffen hat, weiß, wie alles funktioniert.

Einmal besuchte ich eine Fabrik, die destilliertes Wasser zur Niereninjektion herstellte. Es war eine sehr große Fabrikanlage. Das Wasser wurde dort fünfmal destilliert, um für die Injektion eines bestimmten Medikaments in die Nieren geeignet zu sein. Ich fragte meinen Begleiter: „Sie haben Ihr Bestmögliches getan - funktioniert das auch wirklich?“ Er antwortete: „Was wir getan haben, reicht gerade aus, aber es ist nicht restlos zufriedenstellend. Eigentlich ist noch eine weitergehende Reinigung nötig, aber wir schaffen es nicht, diese Möglichkeiten haben wir nicht. Eine fünfmalige Destillation ist das Äußerste, was uns gelingt, denn wir können sie ja nur mit weltlichen Hilfsmitteln durchführen. Eine stärkere Reinigung ist nicht möglich. Was Gott kann, können wir nicht.“ Die Leute gaben das also zu.

In unserem kleinen Körper hat Gott unzählige Abläufe, eine unübersehbare Zahl von Funktionen geschaffen. Ihr trinkt zum Beispiel schmutziges Wasser oder Tee und Kaffee. Wie reagiert euer Organismus darauf? Die Nieren, der Magen, die Leber, das ganze Verdauungssystem werden zu Gott flehen: „Bitte hilf uns, daß der Mensch vernünftig wird!“ Meine Lieben, wir gestalten unser Leben so, daß wir alles verunreinigen, bevor wir es dem Körper einflößen, der von Gott geschaffen ist. Zuvor sollten wir Gott fragen: „Mein lieber Gott, was soll ich zu mir nehmen? Kann ich Tee, kann ich Kaffee trinken? Darf ich andere Dinge benutzen? Darf ich?“ Er wird entgegnen: „Nein, nein, auf keinen Fall!“ Das wird er uns antworten müssen, denn was für uns schädlich ist und wofür er den Körper nicht vorgesehen hat, das kann und wird er uns nicht zugestehen wollen.

Als ich ein kleiner Junge von acht oder neun Jahren war, kam ein Mann aus einer fernen Stadt zu uns. Er hatte die Angewohnheit, einmal am Tag Tee zu trinken. Darüber debattierte man im ganzen Dorf: „Da ist ein Mann ins Dorf gekommen, der die Angewohnheit hat, einmal täglich Tee zu trinken. Wie wird er das überleben? Kann er da überhaupt am Leben bleiben?“ Nach drei, vier oder fünf Jahren starb er tatsächlich. Die Leute fanden damals, daß solche unnatürlichen, anormalen und nutzlosen Gewohnheiten unser Leben nur erschweren und gefährden. Ich denke, heutzutage gehen wir darin noch viel weiter. Wir benutzen fast nur Dinge, die uns, unseren Organismus und unser psychisches wie physisches System zerstören müssen. So viele Leute drängen uns diese Dinge auf. Die Ärzte sprechen darüber, aber sie wissen nicht wirklich Bescheid. Doch warum wenden wir uns nicht an Gott und sagen: „Lieber Gott, du hast diesen Körper geschaffen, du hast unser Gemüt gemacht, du hast unseren Kopf, unsere Nase und alles andere gemacht. Du weißt, wie das alles zu benutzen und zu erhalten ist, bitte gib uns Richtlinien, damit wir unseren Körper so behandeln, daß er keinen Schaden nimmt! Laß uns nicht die ganzen Abläufe und Vorgänge stören, die du so weise und vollkommen geschaffen hast, so daß wir später nicht infolge unserer eigenen Taten leiden müssen."

Es tut mir für jeden Menschen wirklich sehr leid, wenn er sich an Augen, Herz, Beinen, Armen und anderen Organen operieren lassen muß. Warum maßt sich ein Mensch an, in dieses Werk Gottes einzugreifen? Wenn Gott unseren Körper geschaffen hat, bleibt er auch in ihm, um ihn zu erhalten. Warum wenden wir uns nicht an ihn und erklären ihm unser Problem? Wenn er dann sagt: „Geh zu jenem Arzt, laß diese und jene Operation durchführen, ich kann das nicht“, dann ist es gut, wenn ihr euch dem unterzieht. Aber eure erste Pflicht ist es, zu demjenigen zu gehen, der euch geschaffen hat und der bereits in euch ist. Bei ihm könnt ihr Anleitung erhalten.

Unsere Kinder sind klüger. Sie laufen nicht gleich zum Arzt, sondern als erstes zu ihren Eltern, die sie in die Welt gesetzt haben. Mutter und Vater haben dem Kind das Leben geschenkt. Deshalb gehen sie zu ihnen und sagen: „Ich habe dieses und jenes Problem.“ Sie wissen zwar nicht, ob die Eltern das Problem lösen können, ihnen ist nur klar, daß sie zur Mutter und zum Vater zu gehen haben, alles weitere ist deren Problem.

Unsere Verantwortung endet, wenn wir zu jemandem kommen, der für uns wirklich verantwortlich ist und echtes Mitgefühl und Liebe für uns hat. Er wird alle weiteren Schritte unternehmen. Es mag sein, daß wir auf unsere weltlichen Eltern nicht bauen können, aber auf unseren himmlischen Vater können und sollten wir immer vertrauen. Er hat uns geschaffen und ist auch jetzt noch in uns, um für uns zu sorgen. Jeden Augenblick trägt er die Verantwortung für uns, und dies ist auch der Grund, warum er in uns wohnt.

Könnt ihr euch vorstellen, warum Gott sonst in unserem Inneren lebt? Wenn euch euer Vater jemanden zur Seite gestellt hat, der sich um euch kümmern und euch unterstützen soll, dann ist derjenige schließlich auch zu diesem Zweck da. Fragt ihr den Vater: „Wozu ist dieser Mann bei mir?“, wird er euch den Grund nennen. Ist aber der Vater selbst bei euch, könnt ihr auch ihn fragen: „Warum kümmerst du dich um uns? Weshalb ruhst du dich nicht in deinen höchsten Himmeln aus? Wieso bist du bei uns?“ Dann wird er euch erklären: „Meine Lieben, ich bin für euch verantwortlich. Ich kann meine Verantwortung an niemanden abgeben, der nicht Bescheid weiß, über euch, über euren Organismus, euren Charakter, euren spirituellen Hintergrund, über die ganze Welt und wie das alles zueinander in Beziehung steht. So ruht jegliche Verantwortung auf mir. Ich kenne euch und weiß, wie jegliche Schwierigkeit und Sorge von euch ferngehalten werden können - ich weiß es. Aber mir ist auch klar, daß kein anderer euch helfen kann, niemand anderer auf der Welt. Das war bis zum heutigen Tag nicht möglich, und es wird und kann auch nie so kommen. Es ist nicht vorgesehen.“

Wer kann uns denn helfen? Wo ein Arzt notwendig ist, kann uns auch nur dieser helfen. Wie könnte uns jemand helfen, der dieses Wissen nicht hat? Gott hat uns geschaffen, wir stammen von ihm, und so kann er uns helfen - wer sonst? Laßt ihn doch für euch da sein! Es ist ja nicht so, daß ihr ihm hinterherlaufen müßt, wie das bei einem Arzt der Fall ist. Nein, er ist schon in euch, denn er weiß: „Mein Kind wird in Leid geraten, und damit es nicht zu mir laufen muß, bleibe ich gleich bei ihm. Hat es im Schlaf Beschwerden oder Probleme, kann es ruhig weiterschlafen, ich werde mich um die Situation kümmern. Wenn es dann aufwacht, wird es sich an nichts mehr erinnern können und keine Ahnung davon haben, daß in der Nacht etwas vorgefallen ist. Ich habe die Schwierigkeit behoben, bevor sie ihm überhaupt zu Bewußtsein gekommen ist."

Wenn ihr euch in den Finger schneidet, merkt ihr dies nicht sofort. Es dauert eine kurze Zeit, bis der Schmerz in euer Gehirn weitergeleitet ist. Dann spürt ihr ihn erst. Gott aber ist es möglich, sofort zur Stelle zu sein. Stellt euch vor, ihr schneidet euch - auch wenn er das gar nicht zulassen wird. Gott versorgt die Wunde auf der Stelle. Bevor noch das Schmerzempfinden euer Gehirn erreicht hat und ihr erkennt, daß etwas geschehen ist, kümmert sich Gott bereits darum, denn er ist stets allgegenwärtig und direkt bei uns. So hat es unser Vater, Gott, für uns eingerichtet.

Wenn wir das aber nicht mögen, macht es auch nichts. Wenn ihr nicht von Krankheiten, von Problemen und allen Schwierigkeiten frei sein wollt, nun gut. Dann ist das eben euer Schicksal. Genießt es! Es tut mir leid, meine Lieben, daß ich das sagen muß, aber euer Gemüt will diesen großen Wohltäter nicht annehmen. Es wird nur diejenigen akzeptieren, an die ihr euch in Notfällen um Erleichterung wendet. Diese sagen: „Gut, ich werde dein Bein amputieren, weil du Schwierigkeiten damit hast. Ich schneide es dir ab, dann ist das Problem behoben."

In Indien erzählt man sich von einer Frau, die einen Dorn im Fuß hatte und zu einer Nachbarin ging, um sich den Dorn herausziehen zu lassen. Sie setzten sich an den Rand der Dachterrasse, und als die Nachbarin mit der Nadel in den Fuß stach, zuckte sie vor Schmerz zusammen, verlor das Gleichgewicht und fiel vom Dach. Da sagte sie: „Ich bin hergekommen, um einen Dorn entfernen zu lassen, und statt dessen wurde mir fast das Genick gebrochen! So ist es, wenn man zum Arzt geht." Ich will nichts gegen Ärzte sagen, sie arbeiten mit größtem Mitgefühl und aller Liebe, so wie sie es gelernt haben. Nein, ich spreche von der Abwesenheit Gottes, denn die Ärzte sind eben nicht Gott.

Uns kann eigentlich nur von Gott richtig gedient werden, nicht von den Ärzten, das ist das Problem. Bei diesem großen Arzt ist alles kostenlos, und er kann auch ohne eine Operation heilen. Er schneidet euch nichts heraus. Er schaut euch nur an, und ihr seid von jeglicher Krankheit befreit. „Gott sprach, und es geschah." Alles geschah einfach durch sein Wünschen, seine bloßen Gedanken.

Warum nehmt ihr also Gott nicht an? Darin liegt das Problem. Könnt ihr mir irgendeine Schwierigkeit nennen, die Gott euch bereiten wird, so daß ihr fürchten müßtet, er sei euch mehr Belastung als Hilfe? So etwas gibt es ja unter Menschen. Wir suchen einen auf, um ihn um Hilfe zu bitten, aber die Probleme, die er uns dann bereitet, sind größer als seine Hilfe. Am liebsten würden wir den Freund auswechseln und denken uns: „Ein besserer Freund würde mir mehr helfen als schaden!" Gibt es denn bei Gott etwas, das uns Schwierigkeiten bereiten könnte?

Ihr sagt immer wieder, es sei schwierig und fiele euch schwer, zu meditieren. Ich empfinde das nicht so. Nur euer umherwanderndes Gemüt ist es nicht gewohnt, friedlich sitzen zu bleiben. Das fällt ihm sehr schwer.

Bei meiner Arbeit hatte ich einen Kollegen, der auch Ingenieur war und einen Arbeiter unter sich hatte, von dem er sagte: „Dieser Mann bereitet mir große Probleme. Er arbeitet einfach nicht und stört den gesamten Arbeitsablauf." Ich erwiderte: „Schicke ihn doch zu mir, ich werde mich mit ihm befassen."

So kam der Mann zu mir, und ich wies ihn an: „Hier im Schatten des Baumes steht ein Stuhl, und du setzt dich acht Stunden lang dorthin - das ist deine Arbeit. Keiner wird zu dir kommen, und du bleibst ganz allein. Du brauchst nichts zu tun, sondern bleibst einfach nur sitzen." Bereits nach einem Tag hielt er es nicht mehr aus. Es war hart und unmöglich für ihn, denn er war es gewohnt, mit diesem und jenem zu plaudern und sich zu unterhalten. Einer, der sich an die Ruhelosigkeit gewöhnt hat, fühlt sich ganz und gar unruhig, wenn er sich entspannen soll. Er hatte diese Gewohnheit ins Gegenteil verkehrt, und nun wieder zu einer guten Angewohnheit zurückzukehren ist schrecklich schwierig.

Es ist also nicht schwer zu meditieren, sondern nur sehr schwer, die Gewohnheit des Gemüts in den Griff zu bekommen, das ständig und immerzu nach außen, hierhin und dorthin laufen möchte. Das wird einige Zeit in Anspruch nehmen, und ihr müßt sehr viel Geduld und Ausdauer aufbringen. Als ich anfing, hatte ich, wie alle bei uns zu Hause, die Gewohnheit, etwa um sechs oder sieben aufzustehen. Aber ich fand das schade und eine Zeitverschwendung. Ich wollte meine Gewohnheit ändern und von nun an um drei oder vier Uhr früh aufstehen. Das ist alles nur Gewohnheit. Ihr könnt eure Schlafenszeit oder eure Essensmenge erhöhen, aber auch ohne Schwierigkeit verringern.

Als ich noch arbeitete, kannte ich einen Bauunternehmer. Er redete den ganzen Tag ununterbrochen, plapperte und schwätzte ohne Unterlaß. Sein Name war Gola Singh. Ich fragte ihn: „Mein lieber Gola Singh, hast du denn keine Kopfschmerzen, wenn du den ganzen Tag immerzu nur sprichst?“ Er antwortete: „Ich bekomme Kopfschmerzen, wenn ich nicht rede.“ So ist also alles eine Gewohnheit, meine Lieben! Die Meditation ist nichts Schweres, es ist nur schwierig, das Gemüt, das sich verirrt hat, wieder auf die rechte Bahn zu bringen. Sobald ihr einmal die Kontrolle über das Gemüt erlangt habt, werden die nach außen gerichteten Kräfte allmählich wieder nach innen gelenkt. Das erreicht man nicht an einem Tag.

Als ich mich zum Beispiel von sechs auf drei oder vier Uhr morgens umgewöhnte, mußte ich mich ungefähr sechs Monate lang abmühen. Andere mußten mich aufwecken oder ich brauchte einen Wecker. Eine Zeitlang wollte mir das gar nicht gelingen. Aber nachdem ich mich sechs Monate lang regelmäßig bemüht hatte, fiel es mir schwer, nach vier im Bett liegen zu bleiben. Ich mußte einfach aufstehen, weil ich es nun so gewöhnt war. Sobald man einmal eine gute oder schlechte Gewohnheit entwickelt hat, laufen die Dinge von selbst und sind nur schwer wieder zu ändern. Ist es euch trotzdem gelungen, hält sich die wieder erworbene Gewohnheit von selbst und bereitet euch keine Schwierigkeiten und Probleme mehr.

Wir können die Situation aber bewältigen, indem wir den Ratschlägen des Meisters folgen. Denn auch der Meister kommt nicht sofort als Gott herab. Im allgemeinen wird jeder Meister, der in diese Welt kommt, in einer armen, aber normalen Familie geboren und muß alle nur möglichen Umstände durchmachen. Er macht Erfahrungen in allen Lebenssituationen. Er trifft auf gute und schlechte Menschen, hoch- und niedrigstehende. Er erlebt Tage der Armut und auch Tage des Luxus. So macht er jede Art von Lebenserfahrung auf der Welt. Nachdem er im äußeren Leben alle Erfahrungen gesammelt hat, ist der spirituelle Meister in der Lage, die Menschheit in allen Lebensbereichen auf die rechte Weise anzuleiten.

Seine Führung wird vollständig und vollkommen sein, weil er selbst auf den höchsten und niedrigsten Ebenen vollkommen ist. Im Inneren ist er Gott, und auch in weltlicher Hinsicht ist er ein erfahrener Mensch. Er hat alles Mitgefühl, alle Liebe für euch und ist euch aufrichtig zugetan. Das, was er weiß, wird er euch sagen, und wenn er etwas nicht weiß, wird er nicht behaupten: „Ich weiß es." Er macht euch nichts vor und hintergeht euch nicht, weil er kein Geschäftsinteresse hat. Ein Geschäftsmann würde sagen: „Kommt, meine Lieben, dies ist eine sehr gute, sehr schöne Ware, nehmt sie!" Kein Geschäftsmann würde je sagen: „Meine Ware ist nicht einwandfrei." Er möchte ja Geld verdienen.

Der Meister hat keine derartigen Beweggründe. Er empfindet nur Zuneigung und Liebe, die er von Gott erhält. Er hat seine eigenen Vorratslager, seine eigenen Vorratshäuser. Er ist selber vollkommen und ist nur aus Mitleid und Liebe hierhergekommen, in aller Hingabe zu euch und zu allen Menschen, meine Lieben. Es ist wirklich ein großer Vorzug, daß wir einen menschlichen Körper bekommen haben, ein großes Privileg. Denn in diesem Körper lebt Gott; er ist der Tempel Gottes! Wenn ihr das Haus des amerikanischen Präsidenten betreten wollt, wird euch dies wegen der vielen Sicherheitsvorkehrungen nicht möglich sein. Ihr werdet niemals hineinkommen. Uns aber ist das Haus Gottes geschenkt worden. Ist das nicht der höchste Segen? In unserem Körper lebt Gott, wohnen alle Engel und sogar die Gottheiten. In ihm ist der ganze Mikrokosmos, der Makrokosmos und alles aus der Schöpfung Gottes. Ist es nicht etwas ganz Großartiges, daß wir diesen Körper besitzen? Wir aber haben nur gelernt, ihn wie einen Esel zu benutzen, der Lasten schleppen und freudlos Verantwortung tragen muß. Woran können wir denn Freude haben? Nur an dem, was schön in unserem Haus ist, an Gott. Das ist unser eigentliches Thema, unser eigentliches Ziel und unsere Freude - und das hat uns niemand gesagt.

Wenn uns also etwas so Wunderbares gegeben worden ist und wir es nicht in Anspruch nehmen, ist das sehr, sehr traurig. Ich denke, in New York gibt es Gebäude mit hundert Stockwerken. Einmal wohnten zwei Freunde unglücklicher- oder glücklicherweise im hundertsten Stockwerk eines Hotels. Zu ihrem Pech funktionierte der Lift an diesem Tag gerade nicht, und so mußten sie eben ihre Beine anstrengen und rechts, links, rechts, links zu Fuß hinaufsteigen. Nach zwei, drei Stunden kamen sie endlich oben an. Doch als sie vor ihrer Zimmertür standen, schauten sie sich beide an: „Wo ist denn der Schlüssel? Den haben wir unten liegengelassen!"

So haben wir, meine Lieben, nach einer äußerst langen und mühseligen Reise, nach Millionen von Jahren durch alle Lebensformen hindurch den menschlichen Körper erreicht, und nun sind die Schlüssel verloren, und wir können nicht eintreten. Aber, meine Lieben, die Schlüssel sind da! Ich werde die Tür heimlich öffnen, keine Sorge, und werde euch eintreten lassen, so daß ihr euch erfreuen könnt. Erzählt es jedem, denn jeder hat seinen eigenen Palast, ein Königreich ganz für sich zur Verfügung! Keiner braucht mit euch zu teilen oder euch zu belästigen.

Ihr habt es dem Meister zu verdanken, wenn er euch die Schlüssel zum Reich Gottes gibt, euch die Tür öffnet, sie für euch weit offen hält und auch noch an der Tür steht, damit euch keiner stört oder abhält. Damit bewahrt er euch in Sicherheit, so daß ihr frei seid von jeder Schwierigkeit und jedem Problem. Dann könnt ihr das Reich Gottes unbehelligt genießen. Er fährt immer weiter fort, euch zu führen, euch zu helfen und anzuleiten. Sobald irgendein Problem auftaucht, mit dem ihr nicht zurechtkommt, ist er zur Stelle. Dadurch seid ihr dann Meister eures eigenen Reiches, eures eigenen Selbst. Ihr seid vollkommen, genau wie Gott, und könnt sagen: „Ich bin vom Glück begünstigt, ich bin ein Mensch."

Wenn man jemanden als „Mensch" bezeichnen kann, so ist das ein glücklicher Mensch. Klagt ein Mensch aber: „Ich bin so unglücklich, es geht mir schlecht, ich leide so", dann ist er nicht wirklich ein Mensch. Dann beschränkt er sich gleich einem Tier auf den physischen Körper, auf Gemüt und Intellekt. Der Mensch besitzt aber in seinem Inneren Gott und das Reich Gottes. Er ist Seele, ein Kind Gottes und vom gleichen Wesen wie Gott, ewig und unsterblich, frei von jedem Leid. Das ist der Mensch.

Der äußere Mensch ist nicht der eigentliche Mensch. Jenen Menschen, den Gott nach seinem eigenen Bilde geschaffen hat, den müssen wir erforschen, das ist der Zweck unseres Lebens als Mensch.

Den Körper kennen wir schon recht gut. Aber was sich im Inneren des Körpers befindet, muß noch erforscht werden. Das Äußere ist wertlos und ohne Belang. Als die Menschen mit riesigen Anstrengungen für Millionen und Milliarden von Dollar zum Mond flogen, was fanden sie dort? Sie brachten ein paar Tüten Erde mit. Jetzt hat man es aufgegeben, weil es keinen Nutzen bringt. Es war von Anfang an sinnlos und wird auch sinnlos bleiben. Nur nach innen zu gehen ist sinnvoll. Welchen Nutzen bringt es jemandem, wenn er auf den Mount Everest klettert? Hatte auch nur einer der Leute, die hinaufstiegen, etwas davon? Ich glaube, viele von ihnen kamen bei dem Versuch sogar um. Darin bestand also der Nutzen!

Wenn ihr jedoch nach innen geht, meine Lieben, findet ihr für immer das höchste Leben. Und ich kann euch gratulieren und werde ebenfalls glücklich darüber sein, mit euch in Verbindung zu stehen. Ich kenne euch, auch wenn ihr mich noch nicht kennt. Ich weiß, wie wertvoll, sympathisch und wundervoll ihr seid. Ihr selbst wißt es am besten. Ihr kennt euren Gemütszustand besser. Ich kenne ihn auch, aber darüber rede ich nicht. Was ihr als Seele seid, das sage ich laut. Alles, was zum Gemüt gehört, wird vergehen. Was Teil eurer Seele ist, bleibt bestehen, es kann nicht aufgelöst werden, denn das seid ihr selbst. Was zu euch selbst gehört, kann nicht durch etwas anderes ersetzt werden. Nur was euch dazugegeben wurde, kann auch wieder genommen werden. Gemüt, Körper und Intellekt habt ihr später dazu erhalten. Das, wovon es heißt: „Gott schuf es nach seinem Bilde“, ist unveränderbar, denn an dem, wozu euch Gott erschaffen hat, kann niemand, kein Mensch und keine sonstige Kraft, etwas ändern.

Meine Lieben, ihr seid also wirklich wundervoll und großartig! Ihr müßt nur eure Augen öffnen, euch selbst ansehen und erkennen, wie groß und herrlich ihr seid - und zwar mit den Augen eures Selbst, der Seele, nicht mit denen des Körpers. Laßt den Körper wie er ist! Das ist meine bescheidene Bitte an euch.

Ich bin euch auch allen dankbar, daß ihr hier anwesend seid, und ich eure wunderbare Anwesenheit genießen kann. Wenn wir zufällig dem Kind des Präsidenten der Vereinigten Staaten begegnen, werden wir es jedem erzählen: „Ich habe dem Kind des Präsidenten der USA die Hand geschüttelt." Ihr werdet es jedem sagen, weil das eine große Ehre ist. Ich aber kann anderen ebenfalls etwas berichten, nämlich, daß ich die Kinder Gottes gesehen habe, die sowohl Kinder Gottes als auch Gott selbst sind. Sie sind „angehender, zukünftiger" Gott. In Indien wird zum Beispiel der älteste Sohn eines Königs schon von Geburt an „zukünftiger König" genannt. Und was seid ihr? Ihr seid genauso „zukünftiger Gott", vielleicht werdet ihr es schon morgen, übermorgen oder etwas später, jedenfalls noch in diesem Leben sein, nicht erst nach dem Tod. Das sichere ich euch zu. Wenn ihr meinen Anweisungen folgt, werdet ihr dieses Ziel innerhalb dieses Lebens erreichen und glücklich sein. Ich werde darüber noch glücklicher sein als ihr, denn der Vater freut sich ja noch mehr als das Kind, wenn es eine Aufgabe, die der Vater ihm gestellt hat, erfolgreich abschließt. Der Vater wartet sehnsüchtig darauf, mehr als das Kind.

Ihr sollt euch also erfreuen und werdet euch erfreuen, aber ich werde an eurer Freude noch größere Freude als ihr selbst haben. Ich leide jedoch auch viel mehr an eurem Leid, denn ihr selbst wißt ja gar nicht, daß ihr leidet. Der Meister aber kennt eure Bedrängnisse, während ihr nur die Schmerzen eures Körpers, Gemüts und Intellekts kennt. Ihr wißt nichts von der Agonie eurer Seele, ihr wißt nicht, wie sehr eure Seele leidet. Weshalb betrifft es den Meister mehr als euch selbst? Weil er die Leiden auf der Ebene eurer Seele kennt, und diese sind millionenfach schlimmer als die des physischen Körpers, des Gemüts und Intellekts. Das ist der Grund, weshalb er euch so gerne von allem Leid auf allen Ebenen befreien möchte und weshalb ihr ihm folgen solltet. Es wird zu eurem Vorteil sein!

# Die Wandlung zum Guten

*Oregon, 4.10.1997*
*Abendvortrag*
*Auszüge*

Meine lieben, sehr lieben Kinder, jemanden „lieb" zu nennen, ist die eine Sache; doch die Empfindung echter Zuneigung und Liebe ist die andere, und sie läßt sich nicht in Worte fassen. Sagen wir zu zwanzig oder dreißig verschiedenen Personen „Ich liebe dich", lieben wir vielleicht auch alle zwanzig, doch in jeder Beziehung handelt es sich um eine andere Intensität des Gefühls. Einen jedoch gibt es, der über die allergrößte und höchste Liebe verfügt! Man kann sie gar nicht als Liebe bezeichnen, denn der Begriff, wie er in dieser Welt benutzt wird, läßt sich auf diese Liebe nicht anwenden. Man müßte ein anderes, treffenderes Wort dafür finden.

Das ist schwierig - aber andrerseits auch wieder nicht, denn es betrifft eure eigene Seele, eure eigenen Gedanken. Es ist eine ungesprochene Sprache. Eine Sprache ohne Worte ist anders als jene, die man ausspricht und die ein anderer vernimmt, so daß er darauf antworten kann. Man spricht direkt von Herz zu Herz. Ihr wißt, wie sehr ihr jeden Teil eures Körpers liebt. Ihr braucht nicht zu sagen: „Bitte sehr, ich liebe dich da, und dich und dich dort auch!" *(Lachend)* Das braucht ihr nicht extra zum Ausdruck zu bringen.

Im allgemeinen ist es so, daß die Liebe uns mit etwas verbindet, und durch diese Verbindung leben wir. Ist sie nicht da, können wir nicht leben. Um welche Verbindung handelt es sich? Es ist die verbindende Kraft der Liebe, die alles zusammenhält. Selbst die Moleküle der Steine werden durch die Liebe zusammengehalten...

Unser Vater, Gott, sagt von dieser Verbindung: „Ich bin der Weinstock, und ihr seid die Reben. Solange ihr in mir bleibt, werdet ihr reiche Frucht tragen. Seid ihr von mir getrennt, so fallt ihr zu Boden und geht zugrunde. Dann hört ihr auf zu leben und seid nur noch als Brennholz zu gebrauchen. Alles wird euch vernichten, denn euer Leben bin ich. Ich bin das Licht, alles stammt aus mir. Leben und Freude kommen nur von mir." Das ist die Wahrheit...

Gott liebt uns also, und daher hat er bei unserer Erschaffung den „Stoff" und alle Einrichtungen, die ihm gehören und die ihn von Leid, Problemen, Sorgen, Krankheit und Tod freihalten, auch in uns hineingelegt. Wir sollen nicht leiden, sondern uns derselben Vollkommenheit erfreuen, an der er sich in seinen heiligen Himmeln erfreut. Alles, was er schuf und was ihm gehört, hat er uns geschenkt, indem er den heiligen Himmel, die fünfte Ebene, seine eigene Wohnstatt und auch sein eigenes Selbst in uns hineingab.

Nachdem Gott alles so vollkommen eingerichtet und uns mit diesen reinen, wunderbaren Werkzeugen versehen hatte, wurde der Mensch hierher in diese Welt gesandt. Er war durch die Gaben Gottes in seinem Inneren und durch die Verbindung zu Gott vollständig und vollkommen.

Die Welt im Äußeren ist jedoch entsetzlich. Man mag es gar nicht mitansehen! Von niemandem können wir etwas erwarten. Allen müssen wir helfen und geben, gleich einem Baum, der nie etwas von anderen erhält - weder Blüten noch Früchte -, sondern immer nur gibt und spendet. So ist es auch vorgesehen. Das Wasser entspringt der Quelle ohne Unterbrechung. Sie fließt und fließt, ohne irgend etwas aufzunehmen.

Der Mensch ist wie ein „Wasserhahn" Gottes. Gott ist die Hauptquelle aller Segnungen, und der Mensch wiederum stellt einen Wasserspeicher dar, der mit dieser Hauptquelle verbunden ist. Er soll sich an sich selbst erfreuen und die anderen Lebensformen daran teilnehmen lassen - die Bäume, Gewächse, die Vögel und andere Tiere - denn sie besitzen keine direkte Beziehung zu Gott; diese erhalten sie nur durch uns. Ebenso erhält die Sonne alles Licht und alle Wärme durch ihre Verbindung zu Gott und leitet diese an alle und jeden weiter. Wird dieses Zentrum jedoch von der Hauptquelle getrennt - es könnte ja abgeschaltet werden - dann ist es dunkel, und wir sitzen im Finsteren. Die Versorgung steht still, und auch wir haben nichts mehr und leiden. Gleichermaßen ist der Mensch das Versorgungszentrum für die gesamte Schöpfung Gottes. Ist er mit Gott verbunden, genießt er dasselbe Leben wie Gott. Dann möchten wir von nichts anderem abhängig sein und möchten nichts anderes haben - weder Kuhmilch zum Trinken noch ein Pferd zum Reiten, ganz zu schweigen von Tierkörpern zum Essen. Denn wir besitzen eine eigene Nahrung, die unserer Ebene entspricht und die wir durch die Seele von Gott erhalten...

Alles, was jedoch nicht vollkommen und vollständig ist, muß leiden, kann nicht existieren oder funktionieren. Aus diesem Grunde gibt es nichts, was mich stören könnte, wohin ich auch gehe. Ich vermag allen zu helfen. Bis zum heutigen Tag erfuhr das jeder, der zu mir kam. Die negativen Kräfte schaffen allerdings noch fortwährend Probleme. Auch ich bin dadurch in Schwierigkeiten, denn all eure Probleme sind auch die meinen.

Das kennzeichnet die Beziehung Gottes und des Meisters zu euch. Es geht mir nicht darum, meine eigenen Probleme zu lösen, denn das ist bereits geschehen. Für mich gibt es keine Schwierigkeiten. Ich bin aus meinen höchsten Himmeln gekommen. Warum aber sollte ich mich wohl hierherbegeben haben? Der einzige Grund besteht darin, daß meine Familie leidet, während es mir dort oben gutgeht. Wie kann ich mein Sein genießen, wenn ich euch leiden sehe? So steigt der Meister also herab, um alles Störende zu beseitigen und jedem zu helfen, bis alle dasselbe Leben genießen wie er.

Als ich in diese Welt herabkam, fand ich überall riesige Meere von Leid, Gift und Teufeln vor. Und es tut mir leid, das sagen zu müssen, es ist jetzt immer noch so. Keiner von euch kann behaupten: „Ich spüre Gott in mir. Ich bin mit dem Licht und Ton in mir innig verbunden. Ich freue mich an meinem Gott." Nicht einmal für fünf Minuten oder zwei oder drei Minuten - ja nicht einmal für drei Sekunden könnt ihr sagen: „Ich erfreue mich meiner Göttlichkeit." Niemand kann das von sich behaupten.

Die Teufel besitzen fast die gleiche Macht wie Gott. Ihr Einfluß erstreckt sich auf alle Bereiche der göttlichen Schöpfung - mit Ausnahme jener höheren Regionen oberhalb der kausalen Welt von Brahmand, wo die Gotteskraft vorherrschend ist. Doch in den niederen drei Welten, der physischen, astralen und kausalen, besitzen die negativen Kräfte die uneingeschränkte Macht.

Wie soll man da Frieden schaffen? Es gibt kein Hilfsmittel. Der einzige, der hilft, ist Gott selbst, der durch den Meister wirkt. Er muß alle negativen Kräfte, alle Störfaktoren ganz vorsichtig bekämpfen. Diese Vorgehensweise ist unbedingt notwendig. Wenn euer Kind von zwei oder drei Entführern verschleppt worden ist, werdet ihr keine Atombombe auf das Gebiet werfen. Ihr werdet keine Schußwaffen oder Vernichtungsmittel gegen sie einsetzen, weil dadurch auch euer Kind getötet werden könnte. Ihr müßt dafür Sorge tragen, daß ausschließlich der Unruhestifter ausgeschaltet und euer Kind gerettet wird. Das ist eine sehr heikle Angelegenheit, und ihr könnt nicht nach Belieben agieren. Ansonsten wäre es sehr einfach. Diesen Teufeln muß also Einhalt geboten werden, ohne daß unserem eigenen Kind ein Leid geschieht.

Als ich noch berufstätig war und einmal mit dem Fahrrad an einem Kanalufer entlangfuhr, erblickte ich einen Vogel, der „Garad" genannt wird. Er besitzt einen Instinkt, daß er jede Schlange töten will, die ihm begegnet. Die Schlange, mit der er sich hier eingelassen hatte, war jedoch an die zwei Meter lang und hatte sich um den Vogel gewunden, so daß er sich nicht mehr zu helfen wußte. Ich erkannte, was da vor sich ging, und stieg vom Fahrrad. Ich dachte: „Der Vogel ist in höchster Not. Die Schlange wird ihn überwältigen." Ich hatte nichts bei mir, und so hob ich ein paar Steine auf und warf sie so gezielt, daß ich nur die Schlange traf und dem Vogel nichts passierte. Auf diese Weise war mein Versuch erfolgreich. Der Schlangenleib funktioniert wie eine Gliederkette. Wird diese Kette an irgendeiner Stelle unterbrochen, bleibt nur noch der dem Kopf zugewandte Teil der Schlange am Leben. Der darunterliegende Teil beginnt abzusterben und wird bewegungsunfähig. Diese Kette war also unterbrochen, und der hintere Teil der Schlange war leblos, so daß sich ihr Druck lockerte und der Vogel - mitsamt der Schlange - zu dem wasserführenden Kanal flatterte. Die Schlange fiel ins Wasser, und der Vogel flog davon. Nun tauchte der vordere Teil der Schlange, aus Furcht, der Vogel könnte zurückkehren und sie herausziehen, im Wasser unter. Der hintere Teil trieb auf der Wasseroberfläche, da er leblos war. Der Vogel flog nur eine Runde, kehrte zurück und packte die Schlange an ihrem leblosen Teil und trug sie fort.

Mit dieser Schilderung will ich verdeutlichen, daß derjenige, der jemanden nur retten kann, indem er etwas vernichtet, sehr sorgfältig darauf achten muß, daß er dies in der richtigen Weise macht. Der Meister hat für alle Seelen Sorge zu tragen und muß darauf achten, daß nur der negative Teil zerstört, die Seele selbst jedoch gut behandelt wird. Alle müssen geändert werden, und die Zeit wird kommen, wo diese Aufgabe erledigt sein wird. Dann gibt es nichts mehr, was Probleme, Sorgen, Krankheiten, Tod und alle anderen Nöte verursachen könnte, unter denen wir immerfort leiden. Was wird dann geschehen? Wenn das Meer nur noch aus Wasser besteht und nichts mehr da ist, was es aufwühlen könnte, wird es sich freuen und diesen Zustand genießen. Wir werden dann die Gewißheit haben, daß wir hier dieselbe Freude erfahren können, die Gott in seinen höchsten Himmeln genießt, ebenso wie alle Seelen, die sich zu ihm begeben, die Einheit mit ihm erlangen, in ihm aufgehen und ihre göttliche Existenz genießen. So wie Gott sich dort erfreut, werden wir dies auch hier in dieser Welt können.

Aber meine Lieben, ihr solltet zumindest begreifen und wissen, was hier vor sich geht. Es muß euch klar sein, warum ihr etwas gut findet. Wenn euch etwas stört, warum stört es euch? Warum ist etwas schrecklich, warum ist etwas anderes reizvoll? Woher kommen all die Unterschiede? Weshalb machen wir sie? Geht ihr in das Reich Gottes, werdet ihr derlei Unterscheidung nicht finden. Wenn es dort etwas gibt, ist es immer ein und dasselbe, und es bleibt auch dasselbe. Ähnlich ist es mit den Höllen. Sie sind und bleiben Höllen. Es gibt keine geringeren oder größeren. Sie sind in ihrer Intensität gleich, und sie brennen unaufhörlich, ohne Hoffnung auf Erleichterung.

Ähnliche Situationen gibt es. Warum aber sind sie so? Das sollte dem Menschen schon eine Überlegung wert sein. Ihm wurde der Intellekt gegeben, um das alles zu verstehen. Worin besteht das Lebensziel des Menschen? Der einzige Zweck des Lebens ist es, vollständiges Wissen zu erlangen und in allen Fähigkeiten vollkommen zu sein, das heißt, die Vollendung zu erlangen. Haben wir das erreicht, haben wir das Ziel unseres Lebens erreicht und können für immer und ewig glücklich sein.

Erlangen wir jedoch Macht über die ganze Welt, ermahnen uns alle Meister: „Was nützt es dem Menschen, wenn er die ganze Welt gewinnt und doch Schaden an seiner Seele nimmt?" Das, was der Meister sagt, ist nur noch nicht in unsere Herzen eingedrungen. Ich sage euch dasselbe. Alle Meister, die von Gott kamen und die Wahrheit besaßen, bemühten sich, diese Botschaft der Wahrheit zu verbreiten. Es ist ein und dieselbe Lehre, denn in jedem Meister wirkt derselbe Gott. „Wie er sprach durch den Mund seiner heiligen Propheten seit Anbeginn der Welt." Dieser Gott kam in diese Welt und sprach durch eine Person. Also wird er durch jeden dasselbe gesprochen haben und nicht etwas ganz anderes; denn in Gott bleibt alles dasselbe, in ihm gibt es keine Veränderung. Daher wurde schon beim Erscheinen des ersten Menschen auf der Erde dasselbe verkündet. Das gilt auch für heute und in alle Zukunft...

Erwacht als Seele, fahrt mit dem Prozeß fort, den der Meister bei der Initiation eingeleitet hat. Vorher lag die Seele in einer Art Koma, weil ihr fortwährend und regelmäßig Gift verabreicht wurde, und sie befindet sich noch immer in diesem Zustand. Sie kann aber nicht sterben, denn für sie gibt es keinen Tod. Doch in dieser Region hier, die ganz voller Gift ist, steht die Seele vollkommen unter der Einwirkung des Todes. Kommt dann der Meister, nimmt er die Seele aus diesem System, aus der niederen Region des Körpers heraus, und bringt sie in das Reich Gottes.

Durch die Blicke des Meisters, die voll Elixier sind, wird die Wirkung des Giftes aufgehoben. Nun kann die Seele sehen, und der Meister sagt: „Selig seid ihr, denn ihr seht all jene Dinge, die Kaiser, Könige und Gerechte zu sehen begehrten und nicht sehen konnten. Ihr aber habt sie erblickt. Selig seid ihr, denn ihr habt jene Dinge gehört, die viele Propheten und Gerechte zu hören begehrten, ohne daß es ihnen gelang. Ihr aber habt sie vernommen." Ihr seid die Gesegneten, denn all jene „Gerechten", jene Könige und Kaiser mit ihrer prächtigen Ausstattung, konnten nicht sehen und nicht hören, was ihr seht und hört! Wir sind wahrhaft gesegnet. Wir werden auch in der Lage sein schöpferisch zu wirken, denn wir sind die Kinder Gottes.

Darum sollten wir uns auch von nichts in der Welt verleiten lassen. Wenden wir uns Weltlichem zu, verlängert dies unseren Weg zum wahren Leben, und wir müssen noch länger leiden. Aus diesem Grund bitte ich euch: Bitte, mißachtet die Worte des Meisters nicht. Selbst wenn ihr nicht gern meditiert, bitte, meditiert

um des Meisters willen dennoch! Ihr habt für Gott nichts übrig und meditiert ungern, doch euer Meister hat euch darum gebeten. Bei der Initiation habt ihr euer Wort gegeben, daß ihr zwei oder drei Stunden meditieren wollt. Haltet euer Versprechen um des Meisters willen - selbst wenn ihr es nicht mögt! Besucht die Satsangs, lest einige der Bücher, so daß euer Gemüt sich nicht ganz von Gott entfernt, sondern dem Meister wenigstens ein bißchen zugewandt bleibt!

Der Meister besucht euch doch auch so oft! Er kommt so häufig zu seinen Initiierten, weil er weiß, daß die Negativkraft, sobald er ein wenig länger von seinen Kindern fort ist, auf sie alle einwirken wird, so daß sie verloren gehen werden. Deshalb kommt er immer und immer wieder, um ihre Aufmerksamkeit an sich zu ziehen. Ist ihre Aufmerksamkeit auf ihn gerichtet, ist der Meister auch in der Lage, jede Unterstützung und jede Art von Hilfe zu leisten. Allerdings ist es sehr wichtig, daß ihr in dieser Welt, in der die Negativkraft herrscht, auch achtsam bleibt. Ohne eure Aufmerksamkeit ist Gott hilflos. Hierin besteht die größte Schwierigkeit für die Meister- oder Gotteskraft in der Welt. Aus diesem Grund bitte ich euch dringend: Nehmt die Worte des Meisters an und vertraut auf sie, dann werdet ihr beschützt und gerettet. Der Meister gibt die Hoffnung nicht auf - und irgendwann, zu gegebener Zeit, wird er Erfolg haben...

In jedem Menschen gibt es stets zwei Stimmen. Tut ihr etwas Böses, Abwegiges oder Brutales, meldet sich die eine Stimme: „Das ist gar nicht gut! Das ist nicht recht! Das solltest du nicht tun!“ Gleichzeitig aber ertönt die andere Stimme so laut und der Gedanke ist so übermächtig, daß er die Oberhand behält. Ist jemand spirituell orientiert, dann ist die Stimme der Seele stärker und wird ihn von schlechten Handlungen abhalten. Hört ihr jedoch nicht auf die Stimme der Seele, wird sie schwächer und schwächer, während die Stimme des Gemüts, in dem die Negativkraft voll wirksam ist, an Stärke immer mehr zunimmt. So werdet ihr sehr leicht ihr Opfer und gefügig für jede Art von Untat, ohne das Gefühl zu haben: „Ich habe etwas Falsches getan. Jemand leidet durch mich. Was wird nun geschehen?“ Das Gewissen ist dann völlig verlorengegangen, der Hang des Gemüts zum Bösen wird übermächtig, während die Stimme der Seele ganz leise wird.

Wir müssen also einen Wandel in uns vollziehen, wir müssen der Stimme der Seele, aus der Gott spricht, den höchsten Rang einräumen und allen negativen Handlungen, die dem Gemüt eingeflüstert werden, muß Einhalt geboten werden. Dann wächst der Wunsch in uns, so zu handeln, wie es dem Willen Gottes entspricht, und das wird wirklich wunderbar sein...

Der Grund dafür, warum ihr das weltliche Leben, den Weg des Gemüts, bevorzugt, liegt darin, daß die Seele noch immer sehr schwach ist. Ihr konntet den Weg des Lebens in Gott als Seele noch nicht erfassen. Ihr wißt nichts von euren Vorrechten und welch großartiger, weiter Horizont noch unentdeckt in euch schlummert, und so werdet ihr hier nur in die dunkelste Hölle geworfen.

In der indischen Mythologie gibt es ein Gleichnis dafür. Als Brahma, der Schöpfer, erfuhr, daß er aus dem Stengel einer Lotusblume entsprungen war, wurde er sehr ärgerlich: „Was, diese kleine Lotusblume und dieser kleine Stengel? Dort soll ich herausgekommen sein?“ Und er trat mit dem Fuß auf die Pflanze. Da geschah es, daß er sich im Stengel, der ja hohl ist, wiederfand und sich immer weiter abwärts bewegte. Das dauerte unzählige Jahre. Er war entsetzt: „Wohin gerate ich? Kann ich denn nirgendwo anhalten? Wird das jemals wieder aufhören? Es sind doch schon so viele Jahre vergangen!“ Es war, als wäre er dort, wo die Welt endet, in ein Nichts gefallen.

Entsprechend waren auch seine Gefühle: „Ich wurde in diese Leere geworfen und falle immer weiter nach unten. Ich werde nie irgendwo ankommen oder ein Ziel erreichen.“ Er flehte: „Lieber Gott, ich weiß nichts. Ich bin nichts. Ich kann nichts erkennen. Bitte hilf mir! Bitte rette mich! Woraus ich geboren wurde, wo ich gelebt habe und was ich sein werde, entzieht sich meiner Kenntnis. Worauf kann ich stolz sein? Was soll ich sagen? Daß ich Weisheit, Wissen oder irgendwelche Fähigkeiten besitze? Nichts dergleichen trifft zu. Es liegt alles nur in deiner Gnade. Du bist Wissen, du bist Weisheit, du bist alles. Ich bin nichts.“

Als seine Ichbezogenheit verging und er sich nicht mehr dachte: „So eine niedrige Pflanze! Aus ihr soll ich, der ich so groß und wunderbar bin, geboren sein?“, da wurde sein Ego vollständig weggebrannt. Er wurde ganz und gar davon frei und nahm den Willen Gottes ergeben an: „Er ist der einzig Handelnde.“ Brahma mußte eingestehen: „Alles wurde allein von Gott geschaffen. Es gibt nichts, was nicht er gemacht hat.“

Dies ist auch euer Schicksal, meine Lieben. Wenn ihr sagt: „Ich werde das so und so machen! Ich kann das tun. Ich konnte jenes schaffen. Ich habe diese Fähigkeit. Ich besitze jene Macht. Ich habe das Talent“, dann gleitet ihr auch zu jenem Ort hinab, an dem die Welt zu Ende ist. Da geht es immer weiter abwärts ohne Ende, immer nach unten, bis ihr diese ichbezogene Haltung aufgebt und anerkennt, daß nur Gott der Handelnde ist. In allen Schriften wird mit Nachdruck darauf hingewiesen, daß ausschließlich Gott alles in der Hand hat. Niemand sollte prahlen: „Ich kann das tun“ oder „ich habe etwas geleistet“ oder „ich werde jenes tun“. Diese Einstellung wird sein Verderben sein. Dieses falsche Ego, dieses Der-Ausführende-sein-Wollen des Menschen ist eine gewaltige Sünde. Der Mensch brüstet sich seiner selbst, doch das entspricht nicht der Realität.

Aber das, was Wirklichkeit ist, gehört auch zu euch. Warum sagt ihr nicht: „Dieses große, wunderbare Haus hat mein Vater gebaut.“? Warum sagt ihr: „Ich habe es gebaut.“? Wenn ihr das sagt und in Wirklichkeit habt ihr es gar nicht selbst gebaut, dann ist das eine falsche Behauptung, die euch zum Verhängnis wird. Habt ihr jedoch erkannt: „Mein Vater hat es errichtet“, dann gehört es trotzdem euch, denn es war ja euer Vater, der es gemacht hat. Was ist also so schlimm daran, zu sagen: „Gott, mein Vater, ist der allein Handelnde. Er hat alles für mich getan, und er wird alles für mich tun.“? Das ist doch sehr leicht zu akzeptieren, man verliert nichts dabei! Doch euer ichbezogenes Gemüt, das blind, taub und närrisch ist, das kein Wissen und kein Gefühl hat, will das einfach nicht annehmen. Das bereitet mir die allergrößte Schwierigkeit und Sorge...

Meine Lieben, den Meister, seine Anweisungen und die von ihm empfohlene Lebensweise zu ignorieren, wird uns umbringen. Es mag ein wenig schwierig sein, diesen Weg nach den Richtlinien des Meisters zu gehen - aber eigentlich ist es nicht schwer, nur das Gemüt empfindet das so. Wenn ihr jedoch durch die schwierige Situation hindurchgeht, sie ertragt und dann weitermacht, werdet ihr auch Freude erfahren. Mag es euch auch schwerfallen, aber wenigstens werdet ihr gerettet werden, das ewige Leben finden und euch für immer erfreuen. Dadurch dient und helft ihr der gesamten Menschheit.

Ihr Lieben, das ist es, was ich von euch erwarte - und warum? Weil es keinen anderen Ausweg gibt. Es gibt keine andere Hoffnung! Wenn ihr essen wollt, könnt ihr es nur mit dem Mund tun. *(Schmunzelnd)* Ihr könnt nicht mit der Nase oder den Ohren essen. Selbst wenn die Füße, die eigentlich laufen sollen, lieber den Weg betrachten möchten, so sind sie doch nicht in der Lage dazu. Sie müssen die Augen bitten: „Schaut doch bitte auf die Straße, und sagt uns, wo wir hintreten sollen." Füße können eben nicht sehen. Das entspricht nicht ihrer Natur. Es wurde von Gott so eingerichtet, daß die Augen sehen und die Füße sich auf deren Dienste verlassen. Auf diese Weise arbeiten sie zusammen. Eine andere Möglichkeit ist nicht eingeplant.

Ebenso sagt Gott: „Ich bin der Weg, ich bin das Licht und das Leben. Ich bin Alpha und Omega, und ich bin auch das, was dazwischenliegt. Es gibt nichts anderes, was ihr finden könntet. Ihr wurdet von mir erschaffen, und ihr sollt in mir und bei mir bleiben - und zwar in alle Ewigkeit." So ist es vorgesehen, und ihr könnt es nicht ändern. Wenn ihr euch nicht daran haltet, müßt ihr selbst die Konsequenzen tragen, meine Lieben. Bitte, helft euch selbst! Bitte, begreift, daß das wahr ist! Ich habe es von meinem Meister übernommen und es überprüft. Es gibt wirklich keinen anderen Weg. Es gab in der Vergangenheit keine andere Möglichkeit. Das gilt auch für die Gegenwart und die Zukunft - also auch für euch! Schlagt ihr diesen Weg ein, wird alles wundervoll. Wenn ihr ihn nicht befolgt, werdet ihr lange Zeit leiden und harte Schläge hinnehmen müssen. Was hat das für einen Sinn? Akzeptiert es und beendet euer Leid!

# Die Liebe Gottes

*Jesolo, 17. 9.1997*
*Vormittagssatsang*

Meine lieben Freunde, ich möchte euch meine Achtung erweisen, indem ich euch wie in Indien üblich mit gefalteten Händen begrüße. Ihr verdient Respekt, denn in euch wohnt Gott und Gott gebührt als einzigem Verehrung - nicht einmal den Engeln oder anderen hohen Wesen steht sie zu.

In jedem einzelnen von uns ist also Gott gegenwärtig. Ihn können wir verehren, aber nichts, das unter ihm steht. Hier in dieser Welt sind wir allerdings gezwungen, uns vor unseren Vorgesetzten zu verbeugen, vor jenen, die ein wenig über uns stehen, die uns Geld geben - wir meinen, nur dann würden wir in ihren Augen an Achtung gewinnen. Aber wie es nun einmal so ist, in Wirklichkeit gibt uns niemand etwas, sondern wir sind im Grunde diejenigen, die allen geben - uns ist das nur nicht bewußt. Wir brauchen nicht einmal etwas von Gott zu erbitten, denn wir haben ja Gott in uns selbst. Alles kann aus uns hinausfließen, nichts braucht von außen in uns hineinzukommen.

In den heiligen Schriften wird von den Gottmenschen gesagt, daß sie geben und stets verschwenderisch austeilen. Dort heißt es auch, daß alle anderen Geschöpfe in der Welt stets etwas brauchen. Die Vögel, alle Tiere, wie zum Beispiel Hunde und Katzen, nehmen uns in Anspruch. Auch die anderen Lebensformen, wie Gras, Bäume und Pflanzen möchten Mitgefühl und Liebe von uns haben. Vom Menschen aber wird darin niemals behauptet, daß er etwas von einem Mitmenschen oder von irgendeiner anderen Stelle hier in dieser Welt erhalten müßte.

In vielen Ländern verehren die Menschen andere Wesen, Götter und Gottheiten, wie Shiva oder Vishnu oder andere, ähnliche Mächte. Sie wissen nicht, daß sie selbst die höchste Macht in sich tragen und daß ihnen die Kräfte, die sie anbeten, in Wirklichkeit zu Gebote stehen.

Der Grund dafür ist, daß Gott der Beherrscher all dieser Dinge ist, und er ist unser Vater. Der Sohn eines Königs braucht noch nicht König zu sein, und trotzdem muß jeder Minister auf ihn hören und ihm mit Hochachtung begegnen. Bittet sie der Prinz, etwas zu tun, werden sie ihm gern zu Diensten sein, da sie wissen, daß dies dem König gefällt und er ihnen dann geneigt ist. Genauso verhält es sich mit allen Engeln und anderen Kräften, die sich zwar stärker vorkommen als wir, die aber glücklich sein werden, uns zu dienen, sobald sie bemerken, daß wir die Kinder Gottes sind. Im Gegenzug wird Gott über sie erfreut sein, wenn sie uns, seinen Kindern, dienen.

Der Mensch muß also Tatsachen von Mißverständnissen unterscheiden lernen. Das ist der Hauptgrund, warum er die Gabe der Unterscheidung erhalten hat. Er muß erkennen, was gut ist und was schlecht, wer ihm die richtige und wer die falsche Information gibt. Gott ist es, der gut ist, nur Gott, der alles weiß; und es gibt wirklich nichts, was Gott nicht versteht. Wenn wir zum Arzt gehen, möchten wir natürlich, daß dieser Arzt ein guter Arzt ist, und wenn wir einen Prozeß führen müssen, wünschen wir uns auch den fähigsten Anwalt. Denn Halbwissen ist gefährlich, es kann viele Täuschungen, Fehleinschätzungen und Mißverständnisse mit sich bringen.

Daher hat Gott bestimmt: „Mein Kind darf nur von mir geführt werden!“ Das gilt insbesondere für jene, die unwissend sind und durch den Egoismus anderer falsche Informationen und Irrlehren erhalten. Wir leiden aufgrund unserer falschen Sichtweise und weil wir unrichtige Informationen erhalten. Unsere Familienmitglieder und Freunde reden uns ein, daß sie da seien, um uns zu helfen, und wenn wir ein wenig krank sind, gehen wir zu Ärzten oder wenden Heilmethoden an, die uns sichere Hilfe versprechen. Wir wenden uns an viele verschiedene Stellen, die Geld von uns fordern und behaupten, uns nützliche Dinge zu geben, die uns wohltun könnten. In Wirklichkeit ist dies alles falsch und unsicher, ohne jeglichen Wahrheitsgehalt und Wert.

Gott sagt: „Nur ich bin dein wahrer Freund, der dir helfen und dich leiten kann, der dich liebt und mit dir fühlt.“ Alle anderen Menschen hier - selbst die eigenen Angehörigen - sind eure Feinde, denn in ihnen wirkt nur das Gemüt, in keinem wirkt Gott. Das Gemüt wurde von der Negativkraft bestens geschult und kann so trickreich und clever agieren, daß wir nie dahinterkommen, daß es wertlos ist und uns nichts zu geben vermag. Es beherrscht wirkungsvolle Methoden, uns unser ganzes Leben lang in diesem umfassenden Mißverständnis, in Dunkelheit und Unwissen gefangenzuhalten, damit wir nie der weltlichen Dinge überdrüssig werden und nicht nach Gott als erfolgversprechender Quelle suchen. Gott aber erklärt und versichert uns: „Ich bin dein Vater, ich bin deine Mutter, ich bin alles für dich. Ich kann dich von allen Schmerzen, allem Unglück, allen Krankheiten befreien. Und es wird keinen Tod mehr geben. Nur ich allein werde dich von allen Problemen erlösen. Vertraue auf nichts von dieser Welt oder von irgendwelchen anderen Welten! Ich bin der einzige, der glaubhaft und zuverlässig ist. Gehe nicht den Weg der Zerstörung, indem du mich verläßt! Folge dem Weg des Lebens, denn das Leben bin ich. Ich bin das Licht, ich bin die Wahrheit, ich bin das Wissen, ich bin alles! Alles andere sind nur Abbilder und Nachahmungen, sie sind nicht die Wirklichkeit. Ich bin das Alpha, der Beginn; ich bin die Mitte, der Weg und auch das Omega, das Ziel - von Ewigkeit zu Ewigkeit gibt es nur mich und nichts sonst. Alles entstand aus mir, und alles ist in mir enthalten. Ich wohne in allem, und alles ist in mir."

So wie der Fisch ganz im Wasser und das Wasser überall im Fisch ist - der Fisch schwimmt im Wasser und endet im Wasser, das Wasser aber wird immer Wasser bleiben, - der Fisch erhält von nichts und niemandem Hilfe, nur vom Wasser. Genauso gehört der Mensch zu Gott, und Gott umgibt uns vollständig. Wir sind in ihm, und er ist in uns. Er versorgt uns - jeden Fingernagel, jedes Haar und jede Zelle in uns. Er ist in der Lage dazu, und er ist uns in Mitgefühl und Liebe zugetan. Er ist der einzige, der mit uns fühlt und uns liebt. Die anderen sind nur dazu da, die Welt in Gang zu halten und die karmischen Beziehungen zu erfüllen.

Meine Lieben, es gibt hier nichts, worauf wir bauen oder uns verlassen könnten! Glücklicherweise aber ist die Hilfe in uns und steht uns zur Verfügung. In einem Königreich haben vielleicht fünfzig Prozent der Untertanen den König ihr ganzes Leben lang nicht zu Gesicht bekommen, denn sie können nicht einfach den Palast betreten; und wenn sie doch dahingelangen, werden sie vertrieben. Bis auf wenige Ausnahmen darf niemand in seine Nähe kommen. Aber meine Lieben, Gott ist so großzügig, so großartig und wunderbar, und er wohnt in jedem einzelnen von uns! Er hat seinen Platz im Herzen eines jeden Menschen, und der Platz dieses Herzens ist hier. *(Der Meister zeigt auf die Stirnmitte, das Dritte Auge.)* Das Herz, das wir hier in der Brust spüren, ist das Herz des Körpers, nicht unsere Seele. Die Seele und alles, was zur Seele gehört, befindet sich hier oben im Augenbrennpunkt. Jede Kontrolle geschieht von hier aus, und hier ist auch Gott, der alles leitet und lenkt. An diesem Punkt können wir die Herrschaft, die Allmacht und alle Dienste Gottes sowie seine gesamte Schöpfung genießen, die wir ebenfalls hier finden - wir als Seele!

Sitzt ein König auf seinem Thron, hat er alle Macht in Händen. Befindet er sich aber in der Wildnis, weit weg von seinem Palast, ist er machtlos. Sobald wir also unsere Kontrollstelle verlassen, sind wir verloren, und andere beherrschen uns. In dieser Situation habt ihr das Gefühl, daß ihr keine Gelegenheit und keine Erlaubnis habt, nach oben zu kommen. Ihr könnt die anderen nicht wie Sklaven beherrschen. Wir alle streben danach, daß uns jeder nur gehorcht und keiner über uns steht. Diebe und Räuber meinen auch, was immer sie möchten, soll geschehen und ihnen gehören. Sie wünschen sich, daß am Abend alle Leute sterben und sie deren gesamten Besitz übernehmen können. Am nächsten Tag soll jeder wieder zum Leben erwachen, arbeiten und verdienen, damit er in der Nacht wieder beraubt werden kann. Diese Einstellung hat jedes Lebewesen auf der Welt, nur Gott denkt: „Alle sollen sich ausruhen, ich bin es, der gibt, ich fühle mit ihnen, und ich werde sie von jeglichem Schmerz befreien. Allen meinen Kindern soll es gutgehen, keines soll leiden.“ So sieht das Herz aus, das die Bezeichnung “Vaterherz” auch wirklich verdient. Der leibliche Vater erzieht sein Kind mit der Rute in der Hand und schickt es zu harter Arbeit fort. Er ist kein richtiger Vater. Wenn die Kinder am Ende des Tages nach großer Mühsal zurückkommen, nimmt er ihnen alles weg und gibt ihnen nur das Nötigste zum Leben.

So verhalten sich auch die Engel, die Götter und Gottheiten, ganz zu schweigen von den Teufeln, die in der Tat schreckerregend sind. Wie aber sieht das Herz Gottes aus? Nur er selbst weiß dies. Wer könnte die Stelle Gottes einnehmen? Alle Götter und Gottheiten führen ihre Konten genau. Wenn ihr sie lobt oder ihnen dient oder viele gute Dinge für sie tut, dann erhaltet ihr von ihnen nur ein klein wenig und ihr habt das Gefühl, viel von ihnen erhalten zu haben. Wendet ihr euch aber an Gott, so gibt er euch unentwegt, ohne zu fragen: „Hast du etwas für mich getan?“ Er sagt nur: „Komm zu mir, wann immer du möchtest, auch wenn du gar nichts brauchst. Du wirst von mir alles in Fülle erhalten. Ja, ich brauche dich sogar, denn ich liebe dich. Ich möchte meine Liebe zu dir zufriedenstellen und bitte dich, immer bei dir sein zu dürfen.“ Uns innig zu lieben, ist Gottes hohe Gesinnung.

Zwischen Gott und dem heiligen Kabir fand einst ein Gespräch statt, das im Adi Granth niedergeschrieben ist. Kabir vertritt darin die Menschheit und sagt: „Mein lieber Gott, zweifellos sind die meisten von uns im Sumpf von Gemüt und Materie gefangen. Die gesamte Menschheit leidet dadurch sehr. Wir haben dafür eine Lösung: Wenn wir auf Licht und Ton meditieren, werden wir erlöst. Dann sind wir in der Lage, dich zu finden und uns für ewig an dir zu erfreuen. Du aber, mein lieber Gott, hast ein Problem, für das du keine Lösung hast. Du bist nämlich durch die Liebe zu deinen Kindern gefangen. Sie kommen nicht zu dir, denn sie stekken in Gemüt und Materie fest. Wenn sie leiden, leidest du auch, da du sie liebst. Sie werden leiden, solange sie nicht zu dir gebracht werden. Normalerweise ist es nicht möglich. Und es war in dieser Welt auch noch nie möglich, daß wir alle zu dir kommen konnten." Gott antwortete darauf: „Ja, mein Lieber, was du sagst, ist wahr, die Liebe, die ich meinen Kindern entgegenbringe, sieht so aus. Wenn sie das wissen, macht mich das sehr glücklich, aber sie werden verführt. Es gibt nämlich außer mir noch jemanden, der sie ‚liebt', und das ist sehr schlimm!"

Gottvater fährt fort, Kabir die Art seiner Liebe zu erklären: „Wenn ich für jemanden eine Strafe angeordnet habe und diese Person wendet sich an eines meiner Kinder oder einen meiner Ergebenen und dieser hebt meinen Befehl auf, dann muß ich das akzeptieren. Hat aber eines meiner Kinder eine Bestrafung beschlossen und der Bestrafte kommt zu mir, dann kann ich nichts machen. Ich muß sagen: 'Es ist mir nicht möglich, die Anordnungen meines Ergebenen zu umgehen. Wende dich an mein Kind, und nur wenn es seine Meinung ändert, kann ich den Befehl widerrufen.'" Das bedeutet, daß alles, was Gott befiehlt, von seinen Kindern aufgehoben und geändert werden kann, und daß alles, was wir wollen, von Gott beachtet werden muß. Das heißt aber nicht, daß wir mächtiger wären als er oder er schwächer als wir. Es ist keine Beziehung, bei der es um einen Kräftevergleich geht, sondern es geht um den

Vergleich von Liebe. Gott kann und wird nichts veranlassen, was uns nicht gefällt und was wir nicht tun wollen; und er selbst muß sich nach unseren Wünschen richten.

Gott beschreibt weiter seine Hingabe und Liebe zu uns, und daß er es sogar annehmen muß, wenn wir ihn schlecht behandeln: „Ohne Zweifel bin ich das Licht, das Leben, bin Schöpfer und Erhalter von allem, und alles Sein geht von mir aus und besteht nur durch mich. Keiner kann sich mir widersetzen, und ich habe keinerlei Schwierigkeiten. Kommt aber mein Kind zu mir, dann muß ich sehen, welchen Auftrag es mir gibt. Geht es meinen Kindern gut, bin ich glücklich; leiden einige meiner Kinder, bin ich traurig. Sie sollen Freude durch mich erfahren. Aber wenn einige von ihnen leiden, muß auch ich leiden." Darauf sagt Kabir: „Seht doch, wie sehr euer Vater, Gott, euch liebt!" Keiner liebt wie er. Gibt es jemanden, der Gott ersetzen könnte? Ich meine, wenn es einen Wert in eurem Leben gibt, dann liegt dieser darin, Gott, euren Vater, zu finden. Ansonsten werdet ihr von allem, was ihr hier liebt, in dieser Welt festgehalten. Jeder, der euch liebt, ist eine Falle und wird euch für immer in Sklaverei halten. Liebt ihr Gott, seid ihr sicher. Bei ihm wird eure Liebe richtig eingeschätzt, und ihr werdet geehrt.

Bei Gott sind wir gut aufgehoben und für immer sorgenfrei. Es ist uns möglich, die Zusammenhänge des weltlichen Lebens zu begreifen, denn bei Gott werden wir mit aller Liebe und Weisheit erweckt, und nichts kann uns betrügen oder täuschen. Entfernen wir uns von Gott, schwindet dieses Licht sofort wieder, und wir befinden uns in der Finsternis der Unwissenheit. Jeder Betrüger, jeder Feind, jeder Blender, der uns etwas wegnimmt, wird erfolgreich sein, und wir stehen als die Betrogenen da. Deshalb verkünden alle Schriften mit allergrößtem Nachdruck: „Sucht als erstes nach dem Reich Gottes“, denn Gott befindet sich in jeder einzelnen Zelle des Reiches Gottes, und sein Wille geschieht dort zu hundert Prozent.

Jedem ist klar, daß in einem Land, das man besucht, der Wille des dort Herrschenden geschieht. Habt ihr also eine Beziehung oder Verbindung zu diesem König, wird das Volk euch bewundern. Geht ihr ins Reich Gottes, so leuchtet das Zeichen, das ihr auf eurer Seele tragt, denn es ist das Zeichen Gottes. Jeder weiß dann, daß ihr Kinder Gottes seid und zum Höchsten gebracht werdet. In unserem Reich, genannt das Reich Gottes, ist alles nur für uns da. Hier in diesem Reich, dem Tal des Todes, haben wir nichts. Leben wir hier, werden wir sogleich versklavt; wir werden mit aller Grausamkeit regiert, und keiner kümmert sich um uns.

Das Schicksal eines Sklaven, der einem grausamen Herrn gehört, könnt ihr euch gut vorstellen. Es mag vielleicht einige freundliche, großzügige Sklavenhalter geben, deren Knechte nicht leiden, aber sie sind dennoch unfrei, auch wenn es ihnen nicht schlecht geht. Diese Sklaven gehörten einst sehr grausamen Besitzern, und ihr Leben war sehr hart. Das ist der Unterschied zwischen den Höllen und den Himmeln, in denen wir entsprechend unseren guten oder schlechten Handlungen landen. Leistet der Sklave gute Arbeit, ist der Besitzer zufrieden und wird als Belohnung Zuneigung und Nachsicht an den Tag legen. Im anderen Fall wird der Sklavenhalter hart und grausam durchgreifen. Die Unabhängigkeit der Sklaven bleibt jedoch weiter bestehen. Heute ist der Besitzer zufrieden, weil wir gut gearbeitet haben, morgen wird er erbarmungslos zu uns sein, weil wir etwas schlecht gemacht haben. Wir hängen von der Laune des Sklavenhalters ab, und die richtet sich nach unseren guten oder bösen Taten.

Unwandelbare, beständige und überfließende göttliche Vaterliebe besitzt nur Gott allein. Wir dürfen überhaupt nichts tun, denn was wir tun, kann gut oder schlecht sein. Tun wir nichts, können wir auch nichts Schlechtes tun. Die große Liebe, der tiefe Friede und die bedingungslose Zuneigung unseres Vaters, Gottes, werden uns beständig zufließen - ungeachtet unseres Verhaltens ihm gegenüber.

Nun, meine Lieben, es gibt ein großartiges Wissen, und ihr müßt es euch aneignen. Ich kann sogar behaupten, daß nützliches Wissen und Weisheit nur von Gott kommen, dem wir allerdings noch nicht begegnet sind. Wir haben bisher nur Dinge von der Negativkraft erhalten. Alles, was wir in Schulen und Universitäten lernten, ist völlig negativ. Es wird uns niemals nützen, sondern nur schaden.

So sollten wir vielleicht von heute an mit unserer „Bildung" beginnen, die von Gott stammt und in unserer Seele verankert ist. Gemüt und Intellekt sind für sein Wissen und seine Segnungen nicht empfänglich, sondern nur für das System der Negativkraft. Sie können nur das verstehen und tun, was von ihr stammt und was gegen uns gerichtet ist. In den Schriften heißt es, daß nicht Gelehrsamkeit euch ins Reich Gottes bringt, sondern nur die Unschuld - das heißt also, wir müssen unschuldig sein wie die Kinder. Das Gemüt hat für den großen Gott und unser großartiges Leben kein Verständnis und kein Gefühl. Das bedeutet ganz klar, daß das Gemüt und der Intellekt für uns keinen Nutzen haben und uns nur auf den Weg der Zerstörung führen können.

Wenn ihr mich fragt, wo denn der Weg zur Zerstörung sei, sage ich euch klar und deutlich: Falls ihr sehr weltlich orientiert seid und die Hilfsmittel, die ihr benützt, von dieser Welt stammen, befindet ihr euch bereits auf diesem Weg. Gemüt, Intellekt und Körper sind wie ein Pferd, und die Seele ist wie ein Reiter. Das Pferd hat auch seinen Körper, sein Gemüt und seinen Verstand, aber in begrenzter Weise. Dem Pferd kann man nicht verständlich machen, wo es hingehen soll, was es und zu welchem Zweck es etwas zu tun hat. Sobald das Pferd irgendwo allein gelassen wird, ist es verloren und bringt nichts Vernünftiges zustande. Wenn ihr aber auf dem Pferd reitet, wißt ihr, auf welchem Weg, zu welchem Ziel und warum ihr reitet. Ihr werdet die Zügel in der Hand halten, damit das Pferd nicht laufen kann, wohin es will. Es muß euren Willen spüren und bereit sein, sich danach zu richten. Nur so wird eure Reise zum Ziel führen. Ihr werdet dort ankommen, wo ihr hinkommen wollt; ihr werdet tun, was ihr dort erledigen müßt, und schließlich werdet ihr auch sicher zurückkehren.

Auf ähnliche Weise müssen Gemüt, Körper und Intellekt durch die Seele gelenkt werden, die ihre Kraft und Intelligenz von Gott hat. Wenn wir mit dem heiligen Licht und Ton verbunden sind, werden alle Kräfte und die Intelligenz Gottes in unseren Verstand und Intellekt einströmen. Der Wille Gottes wird wirken, und wir werden in der Lage sein, dem göttlichen Willen gemäß zu handeln, der hundertprozentig zu unseren Gunsten ist. Ihr erhaltet alle Kräfte, Fähigkeiten und das Verständnis, damit ihr den Willen Gottes erfüllen könnt.

Meine Lieben, das also ist der Weg und die Art des wahren Lebens, und das ist nicht der Weg der Zerstörung. Mein zutiefst empfundener Wunsch an euch alle, meine sehr, sehr lieben Kinder, die ich wirklich liebe, ist, daß ihr begreift, aus welchem Grund ich hier bin, und versteht, daß mich keine materiellen Gründe hierher gebracht haben. Was auch immer ich für mich brauche, habe ich und kann ich mit meiner Pension bestreiten. Mein Einkommen ist höher als das, was ich benötige. Was übrig bleibt, gebe ich für das Werk des Meisters.

Auch ihr könnt aus freiem Willen und Herzen, in Liebe und Hingabe zu mir und meinem Auftrag, etwas geben, das ebenfalls den Konten Gottes gutgeschrieben wird. Gewöhnlich haben in einer Familie alle den gleichen Lebensstandard, selbst wenn nicht alle arbeiten und nur ein oder zwei Mitglieder Geld verdienen. Diejenigen, die nichts verdienen, sollen nicht leiden und haben am Einkommen teil. So können auch jene unter euch, die genug für ihren Lebensunterhalt besitzen, etwas Geld für das Werk Gottes sparen, indem sie ihr Leben einfach gestalten. Dadurch kann Ländern und Menschen geholfen werden, die nicht genug besitzen, um sich selbst zu erhalten. Soll die Botschaft Gottes in dieser materiellen Welt Verbreitung finden, so muß sie finanziert werden, und ohne Geld ist diese materielle Aufgabe nicht zu bewältigen. Wenn ihr also auf diese Weise aus freiem Herzen gebt, dann teilt ihr mit Menschen, die noch im Dunkeln stehen. Dadurch wird es auch ihnen ermöglicht, die Botschaft zu hören und den Weg des Lebens zu beschreiten. Ihr solltet also wie Eltern empfinden, die verdienen müssen und ihre Kinder, die nicht arbeiten, versorgen.

Wir haben eine internationale Organisation ins Leben gerufen, deren Ziel es sein sollte, daß es in dieser Welt keinen Winkel mehr gibt, wo das Licht von der Dunkelheit verdeckt wird. Ich bin sicher, daß die Menschen kommen und ihre finanziellen und körperlichen Dienste für diesen wichtigen Ruf Gottes anbieten werden, wenn sie erfahren, daß diese Arbeit getan wird. Als eine Familie mit Mitgefühl füreinander müssen wir uns umsehen und schauen, ob jemand in unserer Umgebung Hunger hat. Anstatt alles für uns selbst zu nehmen, wird bereits ein kleiner Teil, den wir geben, für uns einen großen Lohn von unserem Vater, Gott, einbringen, weil wir unseren Geschwistern im Namen der Liebe gedient haben.

Diese Einstellung, miteinander und mit den Bedürftigen zu teilen, ist eine Gabe Gottes. Stecken wir nur alles in den eigenen Mund, so kommt dieses Verlangen nicht von Gott, sondern von der Negativkraft. Selbst bei den Tieren kann man sehen, daß sie nicht alles selbst verschlingen. Bei Hennen und Enten beispielsweise kann man beobachten, wie die Mütter das Futter in die Schnäbel der Küken stecken - eigentlich hätten sie es selbst fressen können. Aber sie teilen mit jenen, die sie lieben. Sie sterben deshalb nicht vor Hunger. Zehn bis fünfzehn Junge können sie gut aufziehen. Wenn wir also anderen im Namen Gottes helfen, wird er für uns sorgen. Das ist das Leben mit Gott.

Nun, meine Lieben, ich habe mich bemüht, euch etwas zu erklären, was bereits in dieser Welt vorhanden ist, aber es wurde euch bisher nicht mit Nachdruck nahegebracht. Ich denke, ihr habt jetzt diese wenigen Worte aus meinem Herzen in eure Herzen aufgenommen. So funktioniert das Herz-zu-Herz-Gespräch mit

Gott, nicht von Körper zu Körper. Alle Herzen sind Wohnstätten Gottes, und wir sind auf der Ebene des Herzens und Gottes alle miteinander verbunden. Jetzt seid ihr wunderbar! Gut so? Trotz aller weltlichen Größe habt ihr nichts vorzuweisen. Wenn aber eure Herzen für eure Mitmenschen in der Welt erwacht sind, seid ihr ganz wunderbar und herrlich, und wir werden jedem Augenblick unseres Lebens in der Weise gerecht werden, wie es von uns erwartet wird. Wir werden unseren Zustand als würdige Kinder unseres würdigen Vaters, Gottes, genießen.

# Wer mit Gott verbunden ist, erhält alles

*Jesolo, 20.9.1997*
*Abendvortrag*

Meine Lieben, ich will euch ein Geheimnis des Lebens verraten. Obwohl ich euch schon so viele Geheimnisse eröffnet habe, möchte ich doch auch jedes andere Geheimnis, das noch verborgen ist, aufdecken, denn ihr seid meine besten, wunderbarsten, schönsten und liebsten Kinder. Ihr habt zwar noch andere Eigenschaften, aber die kennt ihr besser als ich. *(Der Meister lacht.)* Nicht wahr, ihr kennt sie genau? Deshalb nenne ich sie nicht. Ich habe nur jene aufgezählt, bei denen ich selbst kein schlechtes Gefühl habe und die ihr mir nicht übelnehmt.

Um welches Geheimnis handelt es sich also? Wir dürfen nicht schwach, nicht arm und nicht abhängig sein! Daß wir schwach sind, daß wir arm sind und daß wir abhängig sind, das ist der schlimmste Fluch. Wißt ihr, Gott wird geachtet und lebt sein Leben auf die wunderbarste Art und Weise. Wenn uns ein Vergleich für Vollkommenheit vorgelegt wird, dann wird die Vollkommenheit Gottes benützt. Es heißt: „Seid vollkommen, wie euer Vater im Himmel vollkommen ist.“ Wir sollen also nicht so vollkommen sein wie die Könige, Herrscher, Premierminister oder Präsidenten dieser Welt. Denn die Weisen haben es erkannt und lehren es uns: „Was nützt es dem Menschen, wenn er die ganze Welt gewinnt und doch seine Seele verliert?“

Die Menschen befinden sich tatsächlich in dem Irrtum, wenn sie glauben, daß sie durch den Erwerb von

Geld, Einfluß und Macht in dieser Welt in der Lage seien, in Freuden zu leben und zu genießen. Aber meine Lieben, selbst wenn wir den König als Beispiel nehmen, so besitzt auch er nichts. Er ist darauf angewiesen, durch irgendwelche Maßnahmen, wie zum Beispiel Steuern, Geld vom Volk einzutreiben. Es gibt keine Regierung, die nicht knapp bei Kasse wäre. Alle müssen ihre Ausgaben einschränken, damit sie mit den Einnahmen auskommen. Die Geldwirtschaft ist für jede Regierung ein unaufhörliches Problem.

Jeder Staat ist außerdem schwach. Die Nachbarländer oder andere Staaten sind stärker, und so befürchtet man stets, von den anderen überwältigt zu werden. So ist die Macht, die wir besitzen, auch gering, und niemals fühlen wir uns stark genug, um sagen zu können: „Ich bin der Einzige und brauche vor nichts Angst zu haben." Unser Leben ist von vielem abhängig! Ihr kennt sicher auch Beispiele von Präsidenten oder anderen Staatsoberhäuptern, die von ihren eigenen Leibwächtern erschossen wurden oder deren Armee sich gegen sie stellte und sie ermordete.

So ist also keines der vorhandenen Mittel wirklich tauglich, uns Sicherheit und Schutz zu gewähren. Wir sind nicht unabhängig, und auch Könige und Herrscher mußten ihre Abhängigkeit akzeptieren. Ich habe sie als Beispiel angeführt, weil ihre Position die höchste ist, von der armen Bevölkerung ganz zu schweigen. Meine Lieben, wenn der Mensch in seinem Leben um etwas kämpft, dann nur um diese drei Dinge: „Ich will der Stärkste sein; ich will der Reichste von allen sein, und ich will von niemandem abhängig sein, denn ich habe selbst die Kraft, alles zu beherrschen und mich zu schützen."

Das ist aber nicht möglich! Auf dieser irdischen Ebene kann nicht einmal ein Weltbeherrscher diesen Zustand erlangen, weil es noch andere Lebewesen gibt, die von höheren Ebenen stammen, wie zum Beispiel den astralen und kausalen Ebenen, und direkt mit unserem Leben auf dieser Welt verbunden sind.

So ist also jeder, der sich auf der Astral- oder Kausalebene befindet, stärker als wir und behandelt uns grausam - ganz zu schweigen von den Gefahren, die uns von dieser Welt und jenen Personen drohen, die hier stärker sind als wir. Sie besitzen keine Liebe und kein Mitgefühl für uns, sondern schauen auf uns herab und sind darauf aus, daß wir ihnen dienen, daß wir sie verehren und daß sie mit uns machen können, was sie wollen. Ich selbst stelle im Umgang mit den Menschen fest, daß ihre Leiden, Probleme, Sorgen oder Krankheiten nicht einmal von ihren eigenen Handlungen herrühren, sondern von diesen negativen Kräften. Sie sind die einzige Ursache des Problems. Wenn wir in der Lage sind, all diese Feinde hier in dieser physischen, in der astralen und in der kausalen Welt zu besiegen, werden wir von allen Problemen restlos befreit sein.

Alle drei Welten sind eng miteinander verbunden und beeinflussen sich gegenseitig. Wir sind abhängig von der Gnade der Vorgesetzten, und diese sind wiederum der Gnade anderer Menschen ausgeliefert, die noch stärker sind und sie übertrumpfen können. In diesen drei Welten gibt es immer Verwirrungen, und selbst den Engeln geht es nicht gut. Sie haben ihre eigenen Schwierigkeiten und Probleme - und sogar noch größere als wir.

In der Geschichte der Spiritualität auf dieser Welt heißt es, daß ständig Auseinandersetzungen zwischen den Teufeln und den Engeln stattfinden. Die Negativkraft, die in diesen drei Welten die Oberhand hat, überwältigt die Engel ständig, und so sind diese in Bedrängnis. Sind die Engel aber wirklich niedergezwungen worden und zusammengebrochen und übernehmen die Teufel in den drei Welten die Herrschaft, unter der alle unterdrückt werden, dann bitten die Engel Gott um Hilfe. Wann immer dieser Zustand eintrat, kam Gott auf die Erde herab oder sandte einen seiner Stellvertreter, einen Avatar, so wie zum Beispiel Rama, Krishna oder Guru Gobind Singh. Diese bemühten sich, das Gleichgewicht wiederherzustellen, indem sie die Übermacht der Teufel brachen und die Engel wieder erhöhten.

Aber jene Avatare kommen vielleicht in Abständen von Millionen von Jahren. Was ist dann mit all den Jahren, die dazwischen liegen? Der Mensch hat die Kraft erhalten, von der es im Adi Granth heißt: „Dir selbst sind alle Möglichkeiten zu deinem eigenen Schutz gegeben, und du benötigst von Außenstehenden keinerlei Hilfe."

Ferner steht im Adi Granth: „Wenn ein Wurm die Hilfe Gottes erbittet und Gott dieses Gebet erhört und diesem winzigen Wurm seine Stärke und Kraft verleiht, so kann dieser die Armeen der gesamten Welt zerstören. Heere über Heere und Königreiche über Königreiche werden alle von jenem Würmchen, das mit der Gotteskraft ausgestattet ist, besiegt."

Solche Beispiele gibt es auch in der Geschichte der Meister der Sikh-Religion. Der fünfte Guru wurde von Regierungssoldaten zweimal überfallen. Als erstes sandte die Provinzregierung Armeen. Die Schüler fragten den Meister: „Weißt du, daß große Gefahr im Anzug ist? Starke bewaffnete Einheiten nähern sich." Der Meister antwortete: „Das weiß ich sehr wohl. Macht euch keine Sorgen! Es gibt eine Kraft, die alles lenken wird.“ Und es geschah so, daß jene Armeen sich ihm nicht nähern konnten und umkehren mußten.

Das zweite Mal wurde ein noch größeres Aufgebot von der Zentralregierung ausgesandt. Die Schüler fragten wieder, was zu tun sei, und erneut antwortete der Meister: „Sorgt euch nicht, es gibt jemanden, der uns hilft.“ Auch dieses Mal geschah etwas, das die Soldaten nicht herankommen ließ, sondern sie zur Umkehr zwang, ohne daß sie dem Meister oder seinem Werk ein Leid zufügen konnten.

Solch eine Kraft hat der Mensch, jeder Mensch! Das müssen wir erkennen, und dann können wir mit dieser Kraft auch wirklich umgehen und das ewigwährende Leben der Seele leben wollen. Müssen wir irgendwo eine Nacht verbringen, machen wir uns darum keine Sorgen. Eine Nacht können wir auch am Bahnhof, an einer Bushaltestelle oder sogar unter einem Baum überstehen, das ist keine Frage. Geht es aber darum, mit eurer Familie das ganze Leben, ja vielleicht hundert Jahre, zu verbringen, so ist es nicht ratsam, dies im Schatten eines Baumes oder irgendwo auf einem Bahnhof oder am Wegesrand zu tun.

Eure wahre Lebensspanne beträgt aber nun nicht hundert Jahre, tausend Jahre oder eine Million Jahre - euer Leben währt ewig. Es gibt keinen mathematischen Wert, diese unermeßliche Lebensspanne auszudrücken. Aber es handelt sich dabei um das Leben der Seele, nicht um das des Körpers. Aus diesem Grund werden wir ausdrücklich aufgefordert: „Macht euch keine Sorgen um das Leben eures Körpers, denn es dauert nur eine Zeitlang. Euer wahres, ewigwährendes Leben jedoch darf nicht unbeachtet bleiben, ihr werdet euch darum kümmern müssen."

Dieses Leben wurde uns mit der Möglichkeit übergeben, daß wir es auf der Ebene der Seele so vollkommen wie das Leben Gottes machen können. Das Leben der Engel, das dem göttlichen Leben am nächsten steht, ist nichts für uns, denn diese Wesen leiden mehr als wir. Wie können wir unter dieser Voraussetzung akzeptieren, daß es uns für immer und ewig schlecht geht und wir niemals Erleichterung oder Frieden finden?

Betrachtet ihr das Leben von Königen und Herrschern, stellt ihr fest, daß ihr Zustand weitaus schlimmer ist als unserer. „Ein gekröntes Haupt ruht nur schlecht", sagt man. Ihr habt ein wenig Ruhe und Frieden, denn auf eurem Kopf sitzt keine Krone. Ihr habt es also viel besser als ich! *(Der Meister deutet lachend auf seinen Turban.)* Das bedeutet, daß gewöhnliche Menschen nicht solch eine Belastung zu tragen haben. Was aber den Zustand der Engel betrifft, so geht es ihnen sehr schlecht, denn es gibt immerzu nur Kämpfe und Schlachten zwischen den Teufeln und ihnen. Beide Seiten stellen immer eine Gefahr für einander dar. Wäre es da eine Lösung, ein Leben zu führen, das niedriger ist als das Leben Gottes? Nein, das ist keine Lösung!

In jeder Schrift, die ich gelesen habe, wird mit äußerstem Nachdruck betont, daß wir Gott erreichen müssen und daß wir mit ihm wirklich leben und das Leben genießen können. Sie haben uns das nicht unter der Bedingung in Aussicht gestellt, König, Herrscher oder ein reicher Mensch hier in der Welt zu werden oder etwa Engel oder gar eine der Gottheiten. Alle Meister haben mit Nachdruck darauf hingewiesen und in ihren Schriften niedergelegt, daß ihr mit Gott, eurem Vater, eins werden müßt. Nichts anderes als das - ihr sollt vollkommen sein, so wie er vollkommen ist.

Wenn der Meister einen Menschen initiiert, dann erweckt er sofort dessen Seele und verbindet sie direkt mit Gott. Er sorgt dafür, daß kein Wesen und keine Macht, seien es Götter, Göttinnen, Engel oder Gottheiten, eure Annäherung an Gott beeinflussen können. Diese niedrigeren Kräfte leben alle in den zwei unteren Ebenen *(astral und kausal)* und in der physischen Region.

Wir aber müssen über die Kausalebene hinausgelangen, und nicht nur das, wir müssen die fünfte Ebene erreichen. Der Meister übernimmt wirklich hundertprozentig die Verantwortung für sein Versprechen: „Ich werde dich nicht verlassen, bis du eins bist mit Gott. Ich werde immer bei dir bleiben, und erst wenn du bei Gott bist und er dich in seinen Schoß nimmt, werde ich von dieser meiner Pflicht frei sein."

Es gibt einen Grund dafür, warum ein Meister so großen Wert darauf legt, immer bei seinem Initiierten zu sein, bis dessen Seele schließlich zu Gott gelangt ist. Der erste Grund ist, daß ihr nur bei Gott, eurem Vater, Leben finden könnt. Nur bei ihm könnt ihr unbehelligt von der Einmischung des Negativen leben. Dort gibt es keine Möglichkeit, euch zu behindern. Nichts kann euren Frieden stören, es gibt keine Sorge, keine Krankheit, keinen Schmerz, und selbst der Tod existiert nicht mehr.

Der zweite Grund ist, daß besonders bis zur zweiten Ebene den dazwischenliegenden Kräften jede Möglichkeit offensteht, für eine Behinderung der Seele auf ihrem Weg zu sorgen, falls sie allein ginge. Die Geschichte der Spiritualität enthüllt, daß es niemals auch nur einen einzigen Fall gegeben hat, bei dem ein Mensch ohne die Hilfe des Meisters Gott erreicht hätte. Auf jeder einzelnen Ebene existieren Kräfte, die sich euch sofort in den Weg stellen und euch nicht weitergehen lassen. Die Lebensbeschreibung von Guru Nanak enthält eine detaillierte Beschreibung der Reise von dieser Ebene bis zur fünften Ebene. Während seines Aufstiegs mußte sich Guru Nanak mit vielen Kräften auseinandersetzen, aber er besaß die unmittelbare Kraft Gottes, und so konnte er ihnen die Stirn bieten und seinen Weg fortsetzen.

Wir aber verfügen nicht über die Macht, diese negativen Kräfte auf dem Weg zu überwinden, und so werden wir auf jeder Ebene festgehalten. Aus diesem Grund müssen wir die Hilfe eines gottverwirklichten Menschen suchen. Solange ihr Gott nicht findet, könnt ihr nicht unbeschwert, nicht sorgenfrei sein und könnt nicht leben. Eure Situation wird todesähnlich und leidvoll bleiben.

Der Meister weiß, daß es für uns nur bei Gott Sicherheit gibt, und auch Gott weiß, daß wir nur bei ihm sicher sind. Daher hat er es so eingerichtet, daß er in uns ist und uns zur Verfügung steht. Auf der fünften Ebene ist die Pflicht des Meisters erfüllt, und Gott allein ist für uns verantwortlich. Hier kann er uns jetzt lassen oder uns hinauf in die achte Ebene bringen, denn er ist in jeder der vier höchsten Ebenen allgegenwärtig. Dort werden auch wir sagen können: „Ich lebe."

Im Johannesevangelium ist dies wunderbar ausgedrückt: „In ihm war das Leben." Jenes Leben ist in Gott, dem WORT-Gott; weiter unten vermischt es sich mit dem Todessystem, und hier auf der physischen Ebene existiert nichts als das Tal des Todes. Natürlich sind wir verpflichtet, unseren Körper und auch unsere Familien zu ernähren, und wir müssen uns für unseren Lebensunterhalt noch mit einigen anderen Dingen abgeben, aber dies sollte auf sehr, sehr einfache Art und Weise geschehen und mit so wenig Aufwand wie nur möglich.

In der indischen Mythologie gibt es dafür ein Beispiel. Im Goldenen Zeitalter lebten die Menschen für gewöhnlich ungefähr einhunderttausend Jahre. Damals gab es einen Heiligen, der Markante hieß. Er hatte im Wald achtzigtausend Jahre lang meditiert.

Während dieser Zeit kamen zufällig einmal einige Männer zu ihm und fingen zu argumentieren an: „Jetzt lebst du bereits mehr als zwanzigtausend Jahre hier und wirst noch, wer weiß, wie viele Jahre, hier meditieren. Warum baust du dir nicht ein Haus, zumindest ein kleines, in dem du deine Tage etwas bequemer verbringen kannst?"

Markante antwortete: „Darüber habe ich auch schon nachgedacht, aber ich kann das nicht tun, es gibt einen Hinderungsgrund. Mein Meister hat zu mir gesagt, das heißt, er hat mir eher die Anweisung gegeben, daß ich nichts um der Bequemlichkeit des Körpers willen unternehmen darf. Zuerst muß ich dafür sorgen, daß meine Seele im Reich Gottes angenommen wird, und danach kann ich etwas zur Annehmlichkeit meines Körpers beitragen."

Das wird auch in der Bibel gesagt: „Sucht als erstes nach dem Reich Gottes." In anderen Schriften heißt es ebenfalls, daß man zuerst Gott finden muß. Nachdem man ihn erreicht hat, hat man Zeit, sich um die Familie sowie um Luxus und Bequemlichkeit für den Körper zu kümmern. Man soll das Leben eines „Entsagenden" leben. Mit diesem Begriff ist nicht gemeint, daß wir gar nichts besitzen dürfen, sondern wir sollen eine Art Grenze ziehen und uns sagen: „Mehr als das will ich mir nicht anschaffen."

Bedingt durch meinen Beruf traf ich in Indien in der Nähe von Dera Dhun, wo mein Meister Kirpal Singh ein Zentrum zur Menschwerdung *(Manav Kendra)* errichtet hatte, einen Mann, der ein solches Leben führte. Ich hatte Gelegenheit, mit ihm zu sprechen. Er besaß ein kleines deckelloses Gefäß, und er deckte einfach ein Ende seines Umhangs darüber, um das Trinkwasser zu schützen. Ich bot ihm an, einen Deckel für seinen Becher zu besorgen, damit er sich nicht die Mühe machen müßte, diesen mit seiner Kleidung zu bedekken. Er lehnte ab. Ich wandte ein: „Es wäre aber bequemer für dich." Er antwortete: „Richtig! Ich stimme dir zu, daß es bequemer für mich wäre."

Dann aber erklärte er: „Als ich von zu Hause wegging, verließ ich alles, was zum Haus gehörte. Bevor ich diesen Schritt aber tat, hatte ich meine zukünftige Lebensweise im voraus festgelegt." Er hatte überlegt und dann beschlossen: „Ich werde ein Paar Gummisandalen haben, ein fünf Meter langes Tuch am Körper und einen kleiner Eimer mit einer Schnur, damit ich Wasser aus dem Brunnen ziehen kann." Mit dieser Ausrüstung wollte er ohne Problem und ohne Schwierigkeit auskommen können. Das würde ausreichen. „Und so habe ich mir mein Dasein eingerichtet, ich vermisse nichts, und es funktioniert gut. Bisher habe ich dieser Ausstattung für mein Leben hier nichts hinzugefügt."

Bei uns aber sieht es so aus, daß wir den Umständen entsprechend viele, viele Dinge brauchen. Dieser Mann sagte: „Natürlich dachte ich manchmal, daß ich gegen die Sonne oder den Regen einen Schirm brauchen könnte. Bin ich nachts unterwegs, wäre eine Taschenlampe von Vorteil. Dann kommen manchmal die Moskitos, und ich könnte ein Moskitonetz brauchen. All diese Notwendigkeiten fänden kein Ende. Ich müßte mir die Dinge ausleihen oder mir einen Esel anschaffen, der diese ganze Last trägt. Somit wäre ich wieder ein Hausvater wie andere Hausväter auch. Dann hätte ich ja gleich in meinem Haus bleiben können! Warum habe ich es dann überhaupt verlassen?"

Das ist der Grund, weshalb ich euch gestatte, ganz normal zu Hause zu leben und nicht erwarte, daß ihr in die Einsamkeit geht und das Dasein eines Asketen führt. Aber ich habe euch dennoch zu „Entsagenden" gemacht. Ich erlaube euch nicht, Hausleute oder materielle Menschen zu sein, wie es andere Menschen hier in der Welt sind. Ihr müßt euren Lebensstandard und eure Bedürfnisse in Grenzen halten und dürft diese nicht überschreiten.

Auch ich hatte mir vorgenommen, nicht so lange zu arbeiten, wie es möglich gewesen wäre, sondern ich wollte so bald wie möglich meine Berufstätigkeit beenden, aber auch genügend Geld haben, um unabhängig zu leben. So richtete ich mir mein Leben sehr einfach ein und auf diese Weise gelang es mir, soviel von meinem Einkommen zurückzulegen, daß ich schließlich ohne bezahlte Arbeit leben konnte. Dahinter stand mein dringender Wunsch, Gott zu finden. War dieses Ziel erreicht, wollte ich weitersehen, ob ich dann noch ein weltliches Leben zu genießen beabsichtigte oder nicht.

Es ist also sehr wichtig, daß wir an erster Stelle für unser spirituelles Leben, für das Leben der Seele, Sorge tragen, und danach können wir an unser weltliches

Leben denken. Deshalb hatte ich für die Lebensplanung dieses frommen Menschen wirklich Anerkennung. Ich dachte, wenn alle Menschen ihr Leben so einrichten würden, wären sie auch in der Lage, sehr, sehr einfach, aber gut und friedlich zu leben. Sie hätten keine große Belastung durch das Geldverdienen, und doch genug, um das Werk des Meisters zu unterstützen.

Der heilige Markante aus dem Goldenen Zeitalter erklärte seinen weltlichen Besuchern die gleiche Schwierigkeit: „Wenn ich beginne, mir eine Hütte zu errichten, muß ich Material zusammentragen und es bearbeiten. Das nimmt etwa ein oder zwei Monate in Anspruch. Während des Hausbaus oder kurz danach sterbe ich vielleicht, ohne Gott gefunden zu haben. Dann ist es mir nie mehr möglich, den Verlust der zwei Monate wieder gutzumachen. Bevor ich nicht Gott gefunden habe, kann ich überhaupt nichts anderes tun. Habt ihr denn für dieses Problem eine Lösung?“ Nun konnte sein Besuch auch begreifen, was das ideale Ziel des Lebens ist.

Nach der indischen Mythologie sind die ersten fünfundzwanzig Jahre des jungen Menschen ausschließlich dafür vorgesehen, Gott zu finden und ein Leben in völliger Zurückgezogenheit zu leben. Welch großartige Philosophie liegt dieser Vorstellung zugrunde! Das Problem ist, daß ihr an eurer Familie, euren Besitztümern, eurem Haus und Eigentum hängt, sie aber nicht behalten könnt. Eines Tages müßt ihr davon Abschied nehmen. Auch wenn ihr nicht lernt, davon loszulassen, solange ihr lebt, wird euer Leichnam „hinausgeworfen”. Das bedeutet, daß das Haus, an das ihr euch so sehr geklammert habt, die Familie und der Besitz, nicht bei euch bleiben dürfen.

Die Folge ist, daß eure Seele keinen Platz hat, an dem sie bleiben kann, und irgendwo in einer Wildnis, in einem Leben in Höllen, verlorengehen wird. Baut oder erwerbt ihr aber zuerst das Haus für eure Seele, dann habt ihr zumindest ihre Wohnung für die Ewigkeit bezogen, und dieses Problem ist gelöst. Sobald das erreicht ist, könnt ihr euch um das materielle Haus, das weltliche Leben, eure Familie kümmern. Wann immer ihr später den Körper verlassen müßt, kann eure Seele dort einziehen. Ihr macht das ja im gewöhnlichen Leben auch so: Müßt ihr ein Haus räumen, sorgt ihr zuerst für ein anderes Haus, in das ihr einziehen könnt. Die Häuser dieser Welt müssen notwendigerweise vom physischen Körper geräumt werden, sobald er tot ist. Die Seele ihrerseits muß aus dem Haus des Körpers vertrieben werden, denn es existiert nicht mehr.

Euren Körper versenkt man vielleicht in ein Grab, und dort liegt er in Frieden. Aber was ist mit eurer Seele? Dafür eine Antwort zu finden ist unsere wichtigste Aufgabe. Doch die Menschen sehen das nicht ein und versäumen es, dieser Pflicht nachzukommen. Deswegen leiden sie. Daher wurde so sehr betont: „Was nützt es dem Menschen, wenn er die ganze Welt gewinnt?" Eurem Körper bietet ihr den Besitz der gesamten Welt an, aber für eure Seele habt ihr keinen Platz. Gott und die Meister bitten uns also, ihnen Gehör zu schenken und sie zu begreifen, damit wir das Leben gemäß ihrem Rat genießen können. Es sind alle Vorbereitungen dafür getroffen, daß wir zu Gott gehen und ihn finden können. Nicht einmal die Frage, wie wir ohne Geld zu verdienen leben können, ist ein Problem. Im Leib der Mutter haben wir schließlich auch nichts unternommen, um unseren Lebensunterhalt zu verdienen und davon zu leben. Während unserer Kindheit haben wir ebenfalls nichts verdient und lebten dennoch. Alle acht Millionen vierhunderttausend Lebensformen, die Lebewesen im Wasser, auf den Bäumen oder auf der Erde haben keinen Vorrat, nicht einmal für die nächste Mahlzeit. Selbst in den Steinen befindet sich Leben - und sie alle erhalten ihr Leben von Gott, durch seine Vorsehung.

Man könnte sagen, das darin die Schönheit und die Verantwortung Gottes liegen, daß er zuerst die Erhaltung des Lebens sicherstellt, bevor er einem seiner Lebewesen eine Geburt gibt. Im Adi Granth heißt es, daß es besonders beim Menschen so ist, daß er erst zur Welt kommt, nachdem vorher in seinem Körper riesige 'Lagerhallen' eingerichtet worden sind. Gott ist für dieses Lager verantwortlich. Ihr könnt es dauernd benutzen, ihr könnt beständig etwas davon abgeben, ihr könnt die Dinge sogar laufend zerstören - Gott wird zuverlässig seine Lagerbestände wieder auffüllen, damit ihr niemals an irgend etwas Mangel leidet. Unsere äußeren Einrichtungen jedoch werden ständig knapp, und wir müssen ihnen viel Aufmerksamkeit schenken.

Das sind Tatsachen, wie ihr sie auch aus der Lebensgeschichte der Meister ersehen könnt. Jesus Christus besaß keine Wohnung und hatte nie Essensvorräte bei sich. Er reiste ständig und hatte doch genug zu essen und alles zum Leben Notwendige. Die Gotteskraft ist es, die sich um uns kümmert, wenn wir mit ihr verbunden sind.

Aus jüngerer Zeit stammt die Geschichte eines Mannes, der in Nordindien in der Nähe von Hardwar am Ganges meditierte. Das war vor ungefähr einhundert Jahren. In früheren Jahren war er Professor an einer Hochschule gewesen. Eines Tages kamen Amtskollegen von ihm zufällig in diese Gegend. Sie erinnerten sich, daß ihr Freund Ram Dev sich hier in der Nähe als heiliger Mann aufhalten mußte und sie beschlossen, ihn aufzusuchen. Sie hielten nach ihm Ausschau und entdeckten seine kleine Hütte irgendwo im Wald am Flußufer des Ganges.

Zu ihrem Erstaunen gab es in dieser Behausung keine Stelle zur Essenszubereitung und dergleichen. Da fragten sie ihren Freund: „Es ist ja in Ordnung und es macht uns nichts aus, daß du uns weder Tee noch sonst etwas anbietest. Wir erwarten das auch nicht; aber du selbst brauchst doch schließlich irgend etwas zu essen, damit du leben kannst. Woher bekommst du denn Nahrung?“ Er antwortete: „Gott kümmert sich um alles. Ich brauche ja wirklich nicht viel. Ich trinke nur einmal täglich, das reicht für mich. Und das bekomme ich. Gott sorgt dafür, daß ich immer gegen neun Uhr morgens etwas Milch erhalte.“

Seine Besucher verließen ihn und mutmaßten, daß er vielleicht mit irgend jemandem eine Absprache getroffen hatte, ihm um neun Uhr Milch hinzustellen. Um dies zu überprüfen, schmiedeten sie einen Plan und suchten ihren Freund am nächsten Morgen um acht Uhr auf.

Sie baten ihn: „Du kennst doch diese Gegend hier sehr gut. Wir möchten mit dir zusammen eine kleine Wanderung machen, um den Fluß und die Berge kennenzulernen.“ In Wirklichkeit wollten sie, daß er um neun Uhr nicht zu Hause war. Sie beabsichtigten, ihn an einen anderen Ort zu bringen, und dann würden sie schon sehen, wie er seine Milch um neun Uhr trinken würde. So machten sie sich auf den Weg und nahmen ihn mit; er zögerte auch nicht, sie zu begleiten.

Er war völlig sorglos, aber sie schauten immer auf die Uhr. Es wurde 8.50, 8.55 Uhr und eigentlich müßte jetzt seine Milch auftauchen. Dann war es neun Uhr. Auf dem Weg in die Stadt kam ihnen eine Bäuerin mit Milch entgegen. Als sie die Männer sah, ging sie auf sie zu und sagte: „Werte Herren, darf ich euch Milch anbieten?“ Ja, sie bot ihnen die Milch an, und die Professoren waren nun schon ein wenig überzeugt, daß ihr Freund die Wahrheit gesagt hatte.

Dann aber befragten sie die Frau: „Hast du diesen heiligen Mann schon einmal gesehen, kennst du ihn?“ Sie schüttelte den Kopf und antwortete: „Keinen von euch habe ich je gesehen.“ „Warum war dir dann danach, zu uns zu gehen und uns Milch anzubieten? Weißt du nicht, daß wir kein Geld bei uns haben?“ Sie sagte: „Ich weiß, daß ich euch die Milch nur kostenlos anbieten kann.“ „Und wie kamst du auf diesen Gedanken?“ Etwas erstaunt antwortete sie: „Als ich euch sah, hatte ich einfach das Gefühl, ich müsse euch etwas zu trinken anbieten. So ging ich auf euch zu und gab euch die Milch. Warum und wie, das weiß ich nicht. Ich habe nicht darüber nachgedacht.“

Das sind greifbare Beispiele, die belegen, daß es Gott gibt und daß vorgesehen ist, daß jeder, der mit Gott verbunden ist, alles bekommt, was er braucht. Es kann schon einmal geschehen, daß man bei zehn Kindern eines vergißt und ihm nichts zu essen gibt. Um Mitternacht weint es: „Ich habe Hunger, ich habe Hunger, ich bin hungrig.“ Dann wird man dem Kind vorwerfen: „Ich habe dir doch etwas zu essen gegeben, warum hast du schon wieder Hunger?“ Aber das Kind entgegnet: „Ich habe doch gar nichts gegessen! Ich war eingeschlafen, und du hast mich vergessen!“

Die Mutter kann schon einmal vergessen, die Kinder rechtzeitig oder ausreichend mit Essen zu versorgen, aber Gott, unser Vater, vergißt niemals auch nur eines seiner Kinder. Er ist Gott in aller Vollkommenheit, vollkommen in der Erfüllung seiner Pflichten und Verantwortlichkeiten, besonders uns Menschen gegenüber. Wenn jemand den physischen Körper verlassen soll, erfährt er vom Meister, zu welcher Zeit, an welchem Tag er bereit zu sein hat, und dann kommt der Meister und nimmt seine Seele in Empfang. Der Mensch mag das Datum vergessen oder falsch verstanden haben, aber der Meister wird es nicht übersehen. Er wird nicht einen Tag zu spät oder zu früh kommen, denn er ist vollkommen! Auf die Arbeit des vollendeten Gottes können wir uns verlassen.

Das Hauptthema, mit dem ich diese Rede begonnen hatte, war, daß wir nicht schwach, nicht arm und nicht abhängig sein dürfen, wenn wir leben wollen. Ob wir nun lange Zeit oder nur kurz leben, in jedem Fall besteht dieses Kriterium. Wie aber werden wir stärker, reicher und unabhängig? Da bedarf es nur des Verständnisses einer einfachen Tatsache: Wenn ihr euch hier am Augenzentrum konzentriert, wenn ihr mit dem heiligen Licht und dem heiligen Ton verbunden seid, dann werdet ihr stärker und reicher; dann steht ihr mit dem vollkommenen Gott in Verbindung, der euch so vollkommen macht, wie auch er es ist. Zu einer bestimmten Zeit werdet ihr so stark, so reich und so unabhängig sein wie Gott.

Sobald wir aber mit unserer Aufmerksamkeit in der äußeren Welt und von hier oben getrennt sind, verlieren wir jeden Augenblick etwas von unserem Besitz und unserer Stärke und werden immer schwächer. Es ist sehr wichtig zu wissen, daß die Welt und unsere äußeren Umstände uns nur zugrunde richten! Sie sind der Weg zur Zerstörung, wie er in der Bibel oder auch in anderen Schriften unmißverständlich beschrieben wird. Sind wir mit dem WORT-Gott und seinem Licht verbunden, so ist das der Weg, „der zum Leben führt".

Nichts anderes wird euch helfen. Ob ihr nun eine große Familie habt, ausgedehnten Landbesitz, Reichtümer oder sogar riesige Königreiche - das alles nützt gar nichts! Das wird vielmehr der Grund für eure Zerstörung sein, daß ihr ausgelöscht werdet und nicht mehr existiert. Hier am Sitz der Seele am Dritten Auge liegt euer Ein und Alles. Hier seid ihr, euer Leben ist hier, euer Gott ist hier - alles, was ihr genießen sollt, liegt hier oben. Die Lösung für alle Probleme ist hier zu finden. Hier werden alle Krankheiten verschwinden und hier werdet ihr alles genießen, so wie Gott es genießt.

Was werdet ihr denn gewinnen, wenn ihr in der Welt tätig seid? Vielleicht verdient ihr mit eurer weltlichen Arbeit fünfzig oder hundert Dollar am Tag. Arbeitet ihr aber nur einen Augenblick hier an diesem Ort am Augenzentrum, so verdient ihr den Wert der drei Welten *(physisch, astral, kausal).* Ihr erreicht hier das gesamte Reich Gottes und alles, was zu ihm gehört - auch diese drei niedrigeren Welten. Alles ist euer, denn ihr habt es gekauft, ihr habt es aus jenen Schätzen bezahlt, die ihr im Reich Gottes gefunden habt. Deshalb hat der Meister Jesus Christus gesagt: „Wer überwindet - das heißt, wer sich bis hierher zum Sitz der Seele überwindet -, dem werde ich die Macht geben, über alle Völker dieser Welt zu herrschen."

Kauft ihr eine Fabrik und bezahlt sie, so habt ihr auch alle Macht über sie, denn ihr habt sie gekauft, sie gehört euch. Während wir den Reichtum aus dem Reich Gottes sammeln, zahlen wir auch gleichzeitig für alles, was zur Welt gehört, und wir haben dadurch die Autorität zu herrschen, sogar über die Regierenden dieser Welt. Dasselbe gilt für die astralen und kausalen Ebenen, für die Engel und die Teufel - sie alle werden ebenfalls unter unserer Kontrolle sein, denn wir haben die Herrschaft über sie. Dann seid ihr wirklich reich und von Kraft erfüllt, wirklich kompetent und vollkommen wie Gott. Das ist der Weg des Lebens, den ihr gehen sollt, den ihr vom Meister lernen sollt und mit dem ihr eure Leiden beendet.

Mein Meister sagte auch: „Du bist doch das Kind des großartigen Gottes, der während eines Augenblicks Millionen von Sonnensystemen erschuf. Kannst du als Sohn dieses überaus fähigen Vaters, nämlich Gott, nicht einmal eine einzige Welt dieser Art schaffen?“ Das ist mit hundertprozentiger Sicherheit möglich, aber es ist nur seinem Kind, der Seele, möglich, nicht dem Körper. Körper, Gemüt und Intellekt haben keinen Wert für uns. Als Kinder Gottes aber sind wir Seelen und können alles vollbringen.

Gut, meine Lieben, bemüht euch, mit eurem „Versorgungslager“ hier oben in Verbindung zu bleiben, und ihr werdet ohne Unterlaß mit allem in Fülle versorgt sein. Setzt ihr aber den niedrigeren Teil, der sich im Körper unterhalb der Augen befindet, ein, fließt alles von euch weg, was ihr habt, und euch bleibt nichts. So bitte ich euch, richtet euer Leben entsprechend aus, plant es ordentlich, so daß es unter Kontrolle ist. Das menschliche Leben ist durch das Ausmaß und die Weise gekennzeichnet, mit denen der Mensch es unter Kontrolle hat. Nicht die Umstände sollten euch beherrschen, sondern ihr solltet - aus eigener Kraft - die Umstände günstig für euch gestalten.

Nicht ihr solltet eurem Hund hinterherlaufen, sondern der Hund hinter euch. Ihr solltet nicht hinter der Welt oder irgend etwas Weltlichem her sein - diese Welt muß euch folgen und euch ihre Dienste anbieten. Das zu erreichen seid ihr in der Lage, wenn ihr hier oben hinter und zwischen den Augen, an diesem „Kontrollpunkt" sitzt. Haltet ihr euch aber weiter unten auf, werdet ihr von jedermann nach dessen Belieben umhergeschoben. Seid also bitte ein wenig achtsam!

# Einfachheit und Liebe

*Florida, 26.10.1997*
*Vormittagssatsang*

Meine lieben Freunde, ich fühle mit euch, denn ihr alle seid in einer Umgebung, die euch nicht entspricht. Ihr seid nicht an einem Ort untergebracht, wo ihr euch entspannen könnt. Ist jemand sehr arm, wird er sich mit der Zeit an das anpassen, was er erhält. Er wird damit zurechtkommen und keine Wünsche mehr haben. Wir Menschen gewöhnen uns im Lauf der Zeit an alle Umstände. Wir finden uns mit ihnen ab und sind schließlich auch tatsächlich zufrieden damit.

Die Erfahrung, daß auch ganz arme Menschen ein glückliches Leben führen können, habe ich selbst gemacht. Als ich als Wasserbauingenieur arbeitete, gab es Unternehmer, die für die Baustellen Arbeiter vermittelten. Das waren Tagelöhner, die am Abend zum Bauleiter gingen und etwas zu essen erhielten. Die wenigen Lebensmittel, die sie erhielten, brachten sie in ihre winzigen Hütten und bereiteten daraus ihre Mahlzeit zu. Sie aßen fröhlich, schlugen danach ihre Trommeln und sangen dazu.

Das ist die einfachste und leichteste Art und Weise, wie man ohne Hilfsmittel fröhlich sein kann. Man braucht noch nicht einmal Trommeln dazu, es geht auch, wenn man einfach nur in die Hände klatscht. Bis zehn, elf, zwölf Uhr in der Nacht hatten sie ihren Spaß und waren lustig und vergnügt. Anschließend gingen sie schlafen, und am Morgen ging es wieder an die Arbeit. Aber in ihren Unterkünften findet sich auch heute noch nichts außer vielleicht einem Blechbehälter, der aussieht wie einer der 15-Liter-Ölkanister, die es in Indien für eine Rupie gibt und die überall verwendet werden. Einen oder zwei solcher Kanister haben sie in ihrer Hütte - einen für Nahrungsmittel und den anderen für Kleidung. Das ist ihr ganzer Besitz! Um nichts brauchen sie sich sonderlich zu sorgen, nichts ist so viel wert, daß es jemand stehlen würde oder man es besonders aufbewahren müßte.

Wie sah das Leben dieser Menschen aus? Was besaßen sie? Nichts. Sie hatten nur etwas zu essen und das Allernotwendigste. Ihr Leben verlief in Harmonie, denn es gab kein Auf und Ab. Alles war wohlgeordnet. Sie wußten, daß der Bauleiter für die kleinen Extrabedürfnisse sorgen würde und daß sie genug zum Leben hatten. Es war praktisch kein Gemüt vorhanden.

Gewöhnlich arbeiten die Gemüter draußen in der Welt ganz besonders stark. Da ist der Körper, der etwas fordert, dessen Bedarf jedoch gar nicht so groß ist. Ein Mensch kann schon mit einfachster Nahrung auskommen und wird damit kein Problem haben. Besucht ihr aber ein erstklassiges Restaurant, kostet, glaube ich, schon allein das Gedeck eine Menge. Das Essen ist dort meist nicht so gesund und üppig, aber es kostet hundertmal soviel, als wenn ihr es bei euch zu Hause zubereitet. Im Restaurant kommen hohe Personal- und Betriebskosten dazu, und die werden alle auf den Kunden abgewälzt.

Ich versuchte stets zu vermeiden, unterwegs in einem Restaurant zu essen, und zog es immer vor heimzugehen, Wasser oder Tee zu trinken und zu mir zu nehmen, was ich wollte. Was wir zu Hause essen, ist rein. Es behält seine positive Schwingung und ist auf die rechte Weise zubereitet, so daß wir wissen, was damit gemacht wurde. Unsere eigenen Leute haben schließlich unser Wohl im Auge.

Wo kein Mitgefühl und keine Liebe zu spüren sind, solltet ihr alles, was euch zum Essen angeboten wird, ablehnen, denn in ihm fehlen Liebe und Zuneigung. Wo diese „Zutaten" zugefügt werden, schmeckt selbst das einfachste Essen sehr gut. Das Kennzeichen hochwertiger Nahrung ist, daß sie einfach und preiswert ist. Wenn ich früher Gemüse oder Obst einkaufen wollte, zeigte mir der Verkäufer immer zuerst die teuren, besonderen Sorten.

Ich sagte dann: „Das vertrage ich nicht." Ich habe nicht verraten, daß ich meinen Geldbeutel damit meinte. So konnte ich einfaches, preiswertes Obst und Gemüse der Jahreszeit kaufen, das noch dazu frisch war. Gutes muß nicht unbedingt teuer sein. Ihr müßt nur auf den Preis achten und ob ihr es auch wirklich braucht. Die Kosten sollten gering und das Essen ganz einfach und frisch sein.

Auch die Bäume und Pflanzen, die Vögel und anderen Tiere leben einfach und ohne Geld, und es geht ihnen dabei gut. Sie erfreuen sich bester Gesundheit, niemand wird je hören, daß sie klagen oder Sorgen und Probleme hätten. Ihr Leben zeichnet sich durch Bescheidenheit, Natürlichkeit und Einfachheit aus, und daß sie alles kostenlos haben können.

Warum sind wir so geworden, wie wir sind? Weil wir noch das Gemüt dazu erhalten haben. Das Gemüt hat unser Leben auf schlimme Art und Weise kompliziert gemacht. In nichts sind wir maßvoll und nie können wir sagen: „So kann ich jetzt leben, mehr brauche ich nicht." Früher, als ich noch im Dienst war, mußte ich einmal im Himalaja einen Flußlauf vermessen. Dort sollte zur Errichtung eines Wasserkraftwerks ein Damm gebaut werden. Es führte ein Weg vorbei, den Pilger benutzten, und einige von ihnen lernte ich kennen.

Einmal übernachtete ein Pilger bei mir. Als er am nächsten Morgen wieder aufbrach, beobachtete ich, daß er ein Gefäß mit Wasser mit dem unteren Ende seines Gewandes bedeckte. Ich schlug ihm vor, ihm dafür einen Deckel zu besorgen, damit er es leichter hätte. Er lehnte jedoch ab. Ich fragte: „Worin liegt die Schwierigkeit?" Er antwortete: „Das ist sogar eine sehr, sehr große Schwierigkeit! Mir war bewußt, daß das Gemüt Probleme schafft - hier ein Problem, da ein Problem, dieses Problem, jenes Problem. Als ich mich entschloß, von zu Hause wegzugehen, verwies ich das Gemüt mit seinen Bedürfnissen in die Schranken. Ich wollte ein Paar Schuhe haben, ein fünf Meter langes Tuch als Gewand und dieses kleine Gefäß mit einer Schnur daran, damit ich zur Not auch Wasser aus einem Brunnen schöpfen könnte. Ich richtete mein Leben so ein, daß ich mit diesen drei Dingen mein ganzes Leben lang auskommen kann und niemals irgend etwas hinzuzufügen brauche. Weniger zu besitzen als das, ist nicht möglich, aber ich habe mein Gemüt daran gewöhnt und zu ihm gesagt: 'Mein liebes Gemüt, du kannst schreien und klagen, ich gebe dir kein bißchen mehr.' Manchmal meint es ja, daß ich in der Nacht eine Taschenlampe bräuchte. Manchmal, wenn es regnet, glaubt es, ich müßte einen Schirm haben. Immer wieder fällt ihm etwas ein, was es haben möchte."

Schaut euch bei euch zu Hause um! Ich vermute, ein komplettes Kaufhaus könnt ihr dort finden. Wenn ihr mit dem Auto verreist, sieht es darin genauso aus. Es ist wie eine Wohnung ausgestattet. Alles habt ihr dabei, und solange ihr nicht alles eingepackt habt, seid ihr nicht zufrieden. Das Gemüt will es so. Und darum haben wir auch nicht an einem bestimmten Punkt innegehalten und gesagt: „Wir haben jetzt genug zum Leben - bis hierher und nicht weiter!“ Wenn wir unsere Gemütswünsche in Schranken halten, ist es uns möglich, in Frieden zu leben, denn all die Ausgaben, die uns belasten, entstehen nur durch das verdorbene Gemüt. Ihr könnt euren Durst sehr einfach mit einem Glas Wasser stillen. Wenn aber dort, wo ihr das Wasser bekommt, auch eine Flasche Coca Cola steht, wollt ihr sofort diese haben. Habt ihr etwas Geld in der Tasche, seid ihr gleich bereit, es für das Gemüt zu opfern. Aber ihr wißt ja, daß alles teuer ist, und außerdem schafft es schlechte Gewohnheiten.

Nicht nur, daß es eure eigenen Gewohnheiten beeinflußt: Andere Menschen sehen euch Coca Cola trinken und möchten es auch haben. Sofort fühlt sich ihr Gemüt angesprochen, und sie sind traurig, wenn sie kein Geld haben, sich auch ein Cola zu kaufen. So seid ihr auch noch der Anlaß für die Traurigkeit anderer! Hättet ihr nur ein Glas Wasser getrunken und jedem, der vorbeikam, auch ein Glas angeboten, hätten sich alle über eure Großzügigkeit gefreut und gedacht: „So ein netter Mensch. Er ist wirklich sehr nett.“ Sie wären über euer Verhalten glücklich gewesen und hätten außerdem in euch ein gutes Vorbild gehabt, weil ihr so freundlich zu ihnen wart.

In Indien besagt ein Sprichwort, daß drei Dinge sehr billig sind, mit denen man ohne Geld jeden glücklich machen kann: Ladet jemanden in euer Haus ein und heißt ihn wärmstens willkommen! Laßt ihn Platz nehmen, unterhaltet euch mit ihm und bietet ihm schließlich noch Wasser an - mehr nicht! Verlangt nichts von ihm und gebt ihnen sonst nichts mehr! Das reicht schon aus, daß dieser Mensch voller Lob für euch wieder geht. Er ist erfreut über eure Liebe, euren Willkommensgruß und das freundlich angebotene Wasser. So etwas hat eine große Wirkung!

Ihr könnt Verwandten oder Freunden das beste Essen anbieten - empfindet ihr keine Liebe und keine Achtung ihnen gegenüber, wird es ihnen nicht schmecken. Es mag noch so viel gekostet haben, es wird keinen besonderen Geschmack haben! Liebe verursacht keine Kosten, sie ist die wunderbarste Nahrung, das großartigste Essen, das einen erst wirklich befriedigt. In der indischen Mythologie gibt es Erzählungen zu diesem Thema.

Einmal wurde Lord Krishna von dem herrschenden König eingeladen. Als er in dessen Residenzstadt kam, fiel ihm ein sehr armer Mann ein, der Lord Krishna sehr liebte und über alles verehrte.

An einer Straßengabelung hielt Krishna an und überlegte: „Zu wem soll ich denn nun gehen? Soll ich dorthin gehen, wo ich den ganzen Pomp des Königreichs vorfinde? Dort werde ich ein Staatsgast, ein Gast der Regierung sein, den man in allen Ehren, mit aller Pracht empfangen wird, aber mich wird nur Stolz und keine Liebe umgeben. Der König hat mich nie als seinesgleichen angesehen. Er hat mich immer für einen kleinen, unbedeutenden König gehalten, während er sich selbst groß und mächtig vorkommt. Er ist hochmütig und empfindet keine Achtung für mich. Andrerseits hat jener arme Mensch nichts, was er mir anbieten könnte - außer seiner Liebe. Sein Herz ist von Liebe zu mir erfüllt, und das ist das einzige, wofür ich mich jetzt entscheiden sollte."

Sogleich lenkte er seine Schritte zur Behausung des armen Mannes. „Ich kann diese ganzen aufgeblasenen Dinge, diese pompösen, glanzvollen königlichen Empfänge nicht ertragen. Ich kann die Einladung nicht annehmen, denn dort fehlt die Liebe. Alles ist herzlos, ja geradezu von Gift und Haß erfüllt. Was es dort gibt, wird nicht einmal meinen Körper befriedigen."

Ja, auch euer Körper braucht Liebe. Bei Tieren ist es nicht anders. Wenn man einer Kuh, einem Pferd oder einem Esel über den Kopf oder den Rücken streicht, sind sie glücklich, denn sie spüren eure liebevolle Schwingung, die das Herz des Tieres zufriedenstellt. Selbst wenn ihr ihnen nichts zu essen oder zu trinken gebt, werden diese kleinen Wellen aus eurem Herzen und eurem Körper das Tier erreichen. Die Liebe macht das Leben zu etwas Großartigem. Mit ihr allein - mit der Liebe Gottes in eurem Herzen - könnt ihr hier in dieser Welt leben und durch sie alles erhalten. Die Liebe ist ein weiter Horizont des Lebens.

Aber ihr dürft diese Liebe nicht verlieren, sie muß bewahrt werden - andere Dinge können kommen und gehen, erscheinen und verschwinden, vorhanden sein oder nicht. Selbst wenn ihr die ganze Welt beherrschen würdet, sollte in eurem Herzen nicht das Geringste an Ego, Stolz oder dem Gefühl „Ich bin ein König!" zu finden sein. Ihr solltet, wie vorher auch, immer voller Liebe sein. Diese Liebe hat die Einstellung: „Jeder ist bedeutender als ich und steht über mir." Wenn euer kleines Kind eure Beine umklammert, werdet ihr es sofort liebevoll an euer Herz drücken. Ihr empfindet nicht, daß das Kind nutzlos und ohne Besitz ist und nur klein und schmutzig. Die Liebe gleicht alle Unterschiede und Hindernisse aus, füllt Gräben auf, überwindet Trennungen und bringt alle auf die gleiche Ebene. Es gibt kein oben und kein unten mehr, der König und der ärmste Bettler werden gleich sein. Eines Tages werden wir uns alle so verhalten.

Krishna ging also zu dem armen Mann. Als der König dies am nächsten Tag herausfand, ging er dorthin und herrschte Krishna an: „Du bist ein König wie ich, und ich habe dich erwartet. Ich bin dein Freund, du kennst mich. Warum hast du meine Einladung abgelehnt und bist zu solch einem Menschen gegangen? Es ist eine unglaubliche Beleidigung, daß du mich zurückgewiesen und meine Einladung nicht angenommen hast! Wie soll ich es ertragen, daß mein Freund zu solch einem Habenichts gegangen ist?“

Lord Krishna erklärte ihm daraufhin ausführlich, wie es dazu gekommen war und schloß mit den Worten: „Mein Lieber, es tut mir leid. Ich benötige nur Liebe, sonst nichts. Gold und Silber und diese königlichen Empfänge brauche ich nicht. Ich ertrage sie nicht. Hier spüre ich die Liebe, die der Lebendigkeit meines Herzens entspricht, und wo sie zu finden ist, dorthin gehe ich.“ Da konnte auch der König Lord Krishnas Entscheidung verstehen.

Es gibt noch ein Beispiel von Lord Krishna, der auch ein mächtiger König war. Aus seiner Kindheit hatte er einen Freund, einen Glaubensbruder, der bettelarm war. Manchmal erzählte dieser seiner Frau von seinem Freund Krishna: „Er ist ein König und ein wunderbarer Mensch. Wir haben uns so gut verstanden und lebten sehr freundschaftlich zusammen.“ Seine Frau pflegte zu entgegnen: „Er ist König, und du sprichst von seiner Freundschaft, seiner Liebe und euren gemeinsamen Erlebnissen. Aber wir leiden! Warum gehst du nicht zu ihm? Es ist doch in Ordnung, sich an einen Freund zu wenden und ihm die eigenen Schwierigkeiten zu schildern. Welch einen Sinn hat denn eine Freundschaft, wenn wir einander nicht helfen?"

Der Mann erklärte ihr seinen Grundsatz: „Meine Liebe, du mußt eines verstehen: Wenn du zu einem Freund, einem Verwandten oder sonst jemandem gehst, geh so zu ihm, wie es eurer Beziehung entspricht! Geh nie als Bettler oder Bittsteller! Niemals! Suchst du jemanden auf, um etwas zu erbitten, wirst du auch wie ein Bittsteller behandelt, und die eigentliche Beziehung, Verwandtschaft oder Freundschaft gehen verloren. Ob dir der andere hilft oder nicht, - wenn du wieder weggehst, ist deine bisherige Beziehung zu ihm wie ausgewechselt, sie besteht nicht mehr. Unter diesem Gesichtspunkt werde ich niemals zu jemandem in der Haltung gehen, daß ich etwas brauche, daß ich hungrig bin, daß ich leide, während der andere wohlhabend ist. Ganz gleich, wieviel der andere hat, ich werde mich, auch wenn ich nichts besitze, nie an ihn wenden und etwas von ihm erbitten. Niemals! Da würde ich lieber sterben."

Durch die Umstände oder den Druck, den seine Frau auf ihn ausübte, fühlte sich der Mann schließlich doch gezwungen, zu Lord Krishna zu gehen. Als er zum Schloßtor kam, fragte ihn der Wächter: „Wer bist du?" „Ich bin ein Freund von Lord Krishna." „Ein Freund von Lord Krishna? Du siehst wie ein Landstreicher aus!" Nach der langen Reise war er über und über mit Staub bedeckt, die Kleider zerlumpt und die Haare zerzaust. Er sah wie ein Irrer aus. „Du bist doch total verrückt, wie kannst du sein Freund sein? Scher dich weg! Verschwinde!“ Und so wurde er fortgestoßen. „Das geschieht mir recht“, dachte er. „Genau das habe ich verdient, denn ich bin zu jemandem gegangen, der mich nicht eingeladen oder gerufen hat. Ich bin nicht willkommen. Ein ungeladener Gast muß so behandelt werden.“ Während er von der Torwache verhöhnt wurde, saß Lord Krishna auf dem Thron und vernahm die Stimme, die ihn an die Stimme seines früheren Freundes erinnerte. „Das muß doch Sudama sein!“

Als er hinausblickte, konnte er ihn nicht erkennen, denn Sudama sah ja ganz anders aus als damals. Aber an der Stimme und an den Augen erkannte er ihn. So sind die Augen! Wenn ihr nach fünfzig, ja nach hundert Jahren in die Augen eines Menschen schaut, werdet ihr denjenigen sehen, den ihr früher gekannt habt. Alles andere ändert sich am Körper, aber die Augen verändern sich kaum. Auch das, was aus den Augen strahlt und aus dem Herzen kommt, ändert sich nicht. So ging Lord Krishna hinaus zu seinem Freund, schloß ihn in die Arme und führte ihn zum großen Erstaunen seines Hofstaates herein. „Was ist denn das für eine Vereinigung zwischen einem Nichts, einem Kiesel, und der Sonne? Wie können sie einander nahestehen? Wie können sie zusammenpassen?“ Das bewirkt die Liebe. Die Macht der Liebe fühlt keinen Mangel, keine Schranke, kein Auf und Ab. Sie ist unfähig zu empfinden, wie schrecklich, niedrig, erbärmlich, schwach und elend der andere ist, und wie großartig, wunderbar und glanzvoll man selbst ist. Diese Unterschiede sind nicht vorhanden. Die Liebe deckt alles zu und macht uns eins.

So mußte der Besuch neben dem Thron Platz nehmen und wurde zur Erfrischung und zum Essen in die Gasträume gesandt, wo ihm alles zur Verfügung stand.

Er blieb einige Tage und dachte: „Mein Freund, mein Bruder, wird mich sicherlich bald fragen: 'Wie geht es dir? Kann ich etwas für dich tun? Wie geht es den Kindern und deiner Frau? Was machst du geschäftlich? Wie lebst du denn so?'" Diese Fragen stellen wir jedem. Auch wenn wir es schon wissen, fragen wir: „Wie geht es deinem Bruder, deiner Mutter, deiner Schwester, deinem Geschäft?", weil es eben so Brauch ist. So dachte also Sudama, daß er bald Gelegenheit hätte, seine Lage zu schildern. Bitten wollte er allerdings nicht äußern. Schließlich war nichts dabei, nur die Fragen des Freundes zu beantworten!

Nach einem Monat mußte er diese Hoffnung begraben. „Mein Freund hat mich gut behandelt, hat mir Kleidung und Essen vom Feinsten gegeben, aber er hat mich nicht nach meinem Zuhause, meiner Familie und meinem Wohlergehen gefragt. Ich selbst werde auch nichts sagen, bestimmt nicht!" Nun überlegte er, ob er sich nicht verabschieden sollte, dies wäre wenigstens eine Gelegenheit für Geschenke. „Das ist für deine Kinder, das ist für deine Frau, und das ist für dich." Das wäre dann immerhin auch gut. Für den König spielte das keine Rolle, es würde ihn nichts kosten, aber für mich armen Menschen wäre es eine Menge."

Als er schließlich sagte: „Ich bin nun schon so lange hier und denke, ich sollte wieder nach Hause gehen", war die Antwort: „Gut, geh nur!" So wurde er also weggeschickt und war sehr traurig: „Ich bin hierher gekommen, wurde wieder heimgeschickt und habe nichts erhalten. Nicht einmal erkundigt hat er sich. Nicht das kleinste Andenken hat er mir für die Kinder gegeben, die fragen werden: 'Du warst doch bei deinem hochgestellten Freund, was hast du denn von diesem reichen

Mann mitgebracht?' Dann muß ich sagen: 'Nichts!' Das ist wirklich grauenvoll. Ich habe einen großen Fehler begangen, daß ich bei ihm war und ihn für einen Freund hielt. Es ist überhaupt keine Freundschaft!“ So war er auf dem Heimweg in einer völlig verzweifelten, trübsinnigen Stimmung.

Als er sich zu Krishna auf den Weg gemacht hatte, besaß er ein wenig Hoffnung und Optimismus.Nun aber, auf seinem Heimweg, der sich immer länger und länger hinzog, fühlte er sich sehr elend. So eine Reise mit erschöpftem, müdem Herzen und voller Verzweiflung ist auch besonders hart und mühselig. Als er im Heimatort anlangte, stand sein Haus nicht mehr da. An seiner Stelle befand sich ein anderes Haus. „Das kommt davon, daß ich mich an jemanden hier in der Welt um Hilfe gewandt habe. Jetzt habe ich alles verloren. Irgendein Reicher hat jetzt wahrscheinlich meine Kinder, meine Familie von hier verjagt und sich dieses große Haus hingebaut. Wo soll ich jetzt hin?“

Doch da liefen ihm seine Kinder entgegen, und seine Frau stand in schönen Kleidern vor ihm. Er sah sie an und fragte: „Bist du noch meine Frau? Oder hast du einen anderen Mann geheiratet? Du siehst so wohlhabend und gut gekleidet aus! Du siehst nicht wie meine Frau, die Frau eines Armen, aus. Auch die Kinder sehen so hübsch aus und so gesund. Euch scheint es ja allen gut zu gehen, ihr habt wohl gut zu essen und seid mit allem versorgt. Richtig gut seht ihr aus! Aber ihr macht nicht den Eindruck, als würdet ihr zu mir gehören. Ich kann mir nicht vorstellen, was mit euch geschehen ist. Erzählt es mir doch bitte!“

Die Kinder und seine Frau erklärten ihm: „Dein lieber Freund war so großzügig, so hilfsbereit! Du warst kaum dort angekommen, als seine Leute anfingen, dieses große Haus hier zu bauen und auszustatten. Er versorgte uns mit Essen und gab uns so viel Geld, daß noch unsere Nachfahren davon leben können, ohne jemals arbeiten zu müssen - von unserem eigenen Leben ganz zu schweigen. Dein Freund hat uns unendlich viele Geschenke gesandt. Ich habe es dir ja immer gesagt: Geh zu deinem Freund! Lange Zeit hast du gezögert, und wir mußten so lange leiden. Aber jetzt hast du ihn besucht, und wir haben alles erhalten und können es genießen."

Der Mann überlegte: „Warum hat mir mein Freund nichts davon gesagt, daß er so viel gegeben, soviel gesandt hatte?" Und es wurde ihm klar, daß dies die Größe seines Freundes war. „Hätte er mir berichtet, daß er soundsoviel Geld und so viel Hilfe zu uns geschickt hat und daß ich mich um Kinder und Familie nicht mehr zu sorgen brauchte, daß ich jetzt sorgenfrei wäre, wäre ich zum Bettler und er zum Wohltäter geworden. Unsere Freundschaft wäre dahin gewesen. Wir hätten unsere auf Liebe beruhende Gleichheit verloren. So hat er diese Gleichheit aufrechterhalten, hat sich nicht in Pose gesetzt und nicht erklärt: 'Du bist arm, du hast nichts. Ich bin wohlhabend, ich bin großartig, ich habe dir geholfen, und du hast Hilfe erhalten.'"

Jeder, der gibt, trägt den Kopf hoch und wer etwas bekommt, muß sich verbeugen. Das Selbstwertgefühl des letzteren wird gedemütigt. Beide sind nicht mehr gleich, sondern sie unterscheiden sich. „Wir hätten uns nicht mehr mit der Einstellung in die Augen schauen können, Brüder zu sein, Freunde zu sein. So ist nicht einer der Gebende und dadurch größer, und der andere Bittsteller und dadurch kleiner und geringer geworden.

Er hat meinen Wert, meinen Status dem seinen gleich belassen, das war der Grund, warum er mir nichts gesagt hat."

Meine Lieben, wenn ihr also Freundschaft schließen wollt, dann mit einem Freund wie diesem, der euch beschenkt und dennoch achtet, mit jemanden, der sagt: „Mein Lieber, du kannst über mich verfügen. Ich habe dir nichts gegeben, alles gehört dir. Ich bin nur der Verwalter. Bitte entbinde mich von dieser mühevollen Arbeit, damit ich frei bin! Du hast alles selbst, alles gehört dir. Nimm es und genieße es! Ich will dir weiter dienen und dienen, denn es ist mir ein Bedürfnis. Zu diesem Zweck bin ich gemacht. Ich brauche nichts. Ich bin vollkommen. Ich bin vollendet, und ich habe euch, meine lieben Kinder, zu dem Zweck geschaffen, daß meine Größe, meine Nützlichkeit, mein Besitz, meine Waren und meine Segnungen, die sonst nutzlos sind, jemanden finden, der sie benützt."

Was ist der Nutzen der Sonne, wenn sie aufgeht und niemand da ist, der die Augen aufschlägt, niemand, der ihr Licht und ihre Wärme braucht? Sie wird dann sehr bedrückt sein: „Wozu diene ich denn überhaupt?" Die Sonne wird glücklich sein, wenn viele warten, daß sie aufgeht. Sie ist noch nicht aufgegangen, aber viele hoffen bereits, daß ein kleiner Lichtstreif erscheint, und kommen in der Erwartung gelaufen, daß gleich die Sonne aufgehen wird und sie ihr Licht und ihre Wärme genießen können. Dadurch empfindet die Sonne, daß sie Wert hat und daß sie für ihre Nützlichkeit lebt. Der Grund, weshalb Gott uns geschaffen hat, ist, daß wir durch ihn und von ihm leben. Wenn wir das tun, ist er restlos zufrieden. Sollten wir ihn um etwas bitten, so wartet er nicht unsere Bitte in Form von gesprochenen

Worten ab, es reicht ein Gedanke - ja, nicht einmal eines Gedankens bedarf es! Selbst wenn wir nur ein ganz schwaches Verlangen nach etwas haben, wird Gott sofort in Aktion treten und alles herbeischaffen, ohne daß wir ihn darum gebeten hätten. Denn er wohnt in unserem Herzen und nimmt unsere Empfindungen und Gefühle wahr. Er erkennt, was wir fühlen, bevor es uns bewußt wird. Wir nehmen es erst später wahr als Gott. Aus diesem Empfinden heraus beginnt er tätig zu werden; er kann das. Wir haben also einen wunderbaren, wundervollen, großartigen Freund, den wir wirklich als unseren Freund bezeichnen können. Er nennt uns seine Kinder, seine Freunde, sein ein und alles, doch ohne auf uns herabzuschauen.

*(Hier folgt das Gespräch zwischen Kabir und Gott, siehe 17.9.97 Vormittag, in dem Gott am Ende sagt:)* "Ich bin Liebe, und ich muß lieben! Meine Liebe ist immer in der Stimmung zu lieben, das heißt in der Stimmung, die sie braucht, um wirkungsvoll zu sein. Dagegen kann ich nichts tun. Sie wird beständig auf diese Weise weitermachen, wie sie ist, und nicht aufhören."

So sieht die Liebe Gottes aus. Sie kommt von Gott allein, und wir müssen sie erfahren. Wenn das Wort „Liebe" überhaupt eine Bedeutung hat und echte Liebe damit gemeint sein soll, so kann das nur die Liebe Gottes sein. Er liebt uns so sehr, daß er sich für diese Liebe aufopfert.

Kennen wir von irgendeinem Menschen auf dieser Welt ein solches Verhalten oder eine derartige Beziehung? Das kann nie und nimmer der Fall sein. Hier auf der Welt herrscht das Gemüt, und es kennt nur eigennützige Beweggründe. Solange ihm jemand nützlich ist, empfindet es Liebe für ihn; ist er das nicht mehr, bleibt keine Liebe übrig. Ich und auch ihr konntet das selbst in der Beziehung zu den Eltern beobachten: Solange sie gearbeitet haben und stark waren und wir noch klein, klammerten wir uns an ihre Beine. Selbst wenn sie uns verjagten und schimpften, nahmen wir zu ihnen Zuflucht. Wir wollten auf keinen Fall von ihnen getrennt sein, auch nicht für wenige Augenblicke. Aber jetzt, wo sie alt geworden sind, wo sie krank und schwach sind, wir aber selbständig und unabhängig unseren Lebensunterhalt verdienen, denken wir: „Warum sollten wir unter den alten Eltern leiden? Laßt sie uns in ein Altersheim stecken!“ Wer aber wird sich dort um sie kümmern? Leute, die Lohn dafür beziehen, schauen nach ihnen, geben ihnen zu essen und so weiter. Aber sind sie in der Lage, ihnen Herzlichkeit zu geben? Herrscht dort Liebe, so wie sie sie brauchen - wie eure Eltern sie brauchen? Sind denn Essen oder Kleidung oder sonstige Annehmlichkeiten für sie von Bedeutung? Nein! An erster Stelle benötigen sie eure Liebe - nur Liebe! Es reicht aus, wenn sie Liebe erhalten und sonst gar nichts oder höchstens nur sehr, sehr wenig. Auch euer Hund ist glücklich, wenn ihr ihm liebevoll trockenes Brot oder Essen vom Vortag gebt. In Glück, Freude und Frieden wird auch ein dürftiges Essen zum Genuß.

Der Mensch lebt nicht vom Brot und Wasser dieser Welt, sondern von „ einem jeglichen Wort, das aus dem Munde Gottes kommt“, und das ist die Liebe Gottes, die in der Musik der Sphären, dem Klangstrom zum Ausdruck kommt. Bis zu einem gewissen Grad erhalten wir diese Liebe auch von unseren Angehörigen. Aber von den Meistern und Heiligen bekommen wir sie immer. Auch ihr werdet sie verströmen, wenn ihr regelmäßig auf den Tonstrom meditiert. Wenn ihr dann im Krankenhaus Patienten besucht und nach ihnen schaut, werden alle Segen und Nutzen von euch haben.

Gebt ihr ihnen dann eine Arznei? Diagnostiziert ihr ihre Krankheit? Bietet ihr ihnen materielle Unterstützung? Nichts dergleichen! Ein herzliches Gefühl ist da, und es ist mit der großen, umfassenden Handlungskraft Gottes verbunden, mit der tiefen, unerschöpflichen Quelle der Liebe, des Friedens, der Zufriedenheit und der Allmacht, und das tragt ihr in euch, in eurer Stirn. Über die Augen geht eure Aufmerksamkeit nach außen, und jeder kann an diesem Segen in dem Umfang teilhaben, in dem ihr die Verbindung mit der Liebeskraft aufrechterhaltet. Laßt uns den Begriff „Gott" durch „Liebe" ersetzen, dann wird besser verständlich, wer Gott eigentlich ist. Diese Liebe können wir entwikkeln.

In Indien lebten einmal zwei sehr reiche Brüder. Ursprünglich waren sie sehr arm gewesen, aber durch Glück kamen sie zu Reichtum, und auch ihre Kinder hatten große Unternehmen aufgebaut. Inzwischen waren sie alt geworden; die Kinder waren überbeschäftigt und hatten sehr viel Arbeit in ihren Firmen. Sich um diese beiden alten „Verwandten" zu kümmern war für sie nicht möglich. So wurden die Eltern in einem separaten Haus untergebracht und zwei, drei oder vier Bedienstete wurden eingestellt, um sie zu versorgen. Nach kurzer Zeit fand man die beiden tot vor den Toiletten liegen. Einfach vor den Toiletten! Die Angestellten waren noch weiter bezahlt worden, aber niemand hatte sie überprüft. So geschieht es, wenn die Liebe fehlt.

Der Mensch interessiert sich in dieser Welt nur für Geld. Seine Einstellung ist: „Ich habe einen Freund, er hat Geld und Besitz und darum ist er mein Freund. Ein anderer hatte einmal Geld und war reich gewesen, jetzt ist er unbedeutend und arm geworden, also kann er nicht mehr mein Freund sein. Wie kann er mein Freund sein, wenn er ein Habenichts ist?" Unser Gemüt ist so ausgerichtet, daß uns daran liegt, mit jemandem verbunden zu sein, der weltliche Bedeutung hat. So verhält sich das Gemüt. In Indien kannte ich zwei Eheleute, die sich sehr zugetan waren und sehr liebten. Die Frau bekam eine Augenentzündung, und der Mann träufelte aus Versehen anstelle der Augentropfen Säure in eines ihrer Augen, und sie erblindete auf diesem Auge.

Danach behielt er sie nicht mehr bei sich: „Sie sieht nicht mehr gut aus. Sie paßt nicht mehr zu mir." War das Liebe? Seine Motive waren rein egoistischer Natur. Solange unsere Schuhe taugen, polieren wir sie auch. Sind sie ausgetreten und unbrauchbar, werfen wir sie weg, denn sie nützen uns nichts mehr. Wir lieben sie nicht. Warum polieren wir unsere Schuhe? Wollen wir, daß sie glänzen und schön sind, weil wir sie lieben? Nein, wir wollen glänzen und gut aussehen - mithilfe der Schuhe. Es geht nur um uns und nicht um die Schuhe.

Immer wenn wir jemanden lieben, jemandem etwas geben, jemanden verehren, ist unser Beweggrund der eigene Vorteil. So ist das Gemüt. Diese Handlungsweise, dieses System herrscht in der ganzen Welt, und wir bemühen uns, damit unser Leben zu regeln. Wir meinen, wir könnten mit dieser Art von Verhalten leben, aber tatsächlich hat es vollkommen versagt, und wir machen bittere Erfahrungen. Dennoch bleibt das Gemüt dabei: „Mach weiter! Probier es mit einem anderen Partner, einem dritten oder vierten." Ich kenne einen Fall in den USA, wo eine Frau alle drei Monate den Mann gewechselt hat. Tatsächlich! Warum wohl? Weil die Zuneigung des jeweiligen Paares unvollkommen oder nur eine Leidenschaft war. Die Beziehungen beruhten nicht auf echten Gefühlen, und darum gingen sie schief.

Warum ist aber die Liebe des Meisters, die Liebe Gottes echt, verläßlich und glaubhaft? Weil sie nur für euch da ist und nicht für ihn selbst. Er denkt niemals: „Mit diesem Menschen muß ich etwas unternehmen." Er hat nur das Empfinden: „Ich trage die Verantwortung für ihn, ich habe eine Verpflichtung gegenüber diesem Menschen. Er aber ist mir zu nichts verpflichtet. Ich werde ihn nicht einmal fragen: 'Warum liebst du mich nicht?' Er oder sie sollte sich nur dafür anbieten, daß ich ihn oder sie lieben kann. Ob er mich liebt oder nicht, ich möchte wenigstens mein Bestes und Höchstes, meine Liebe, geben dürfen.

Alles andere ist wertlos. Nur dieses eine hat Wert, hat Leben und Bedeutung, und das bin ich selbst, die Liebe. Wenn ich liebe und jemandem meine Liebe geschenkt habe, so weiß ich, daß ich etwas Wesentliches getan habe. Schenke ich dagegen jemandem Tonnen von Gold, Juwelen, Diamanten und Perlen, empfinde ich nicht, daß ich ihm einen Dienst erwiesen oder ihm etwas Nützliches gegeben habe; denn dies alles ist überhaupt nichts wert, ja, es ist sogar negativ.+ Es wird sich auf den Beschenkten zerstörerisch auswirken und ihn in schlimme Situationen bringen. Es wird nicht nützlich sein, also habe ich grausam an diesem Menschen gehandelt. Habe ich diesen Menschen hingegen mit meiner Liebe, also mit mir verbunden, bin ich glücklich, daß ich etwas getan habe, das meinem Auftrag entspricht. Alle meine Kinder werden diese Liebe genießen."

Das ist das Geschenk des Meisters an seine Initiierten, und er ist sehr glücklich darüber, daß er ihnen das schöpferische Lebensprinzip Gottes an sich, Gott in Gestalt von Licht und Ton, weitergibt. Was ist denn Gott? Er ist nur Licht und der schöpferische Urgrund in der Form des Tonstroms. Nimmt man diese beiden Attribute von Gott weg, bleibt nur Stein, Tod, Materie und kein Leben mehr übrig. Dann ist kein Nutzen, kein Glanz mehr da, nur noch Leere.

Mit dem Licht und Ton aber ist er überwältigend schön und auf göttliche Weise großartig. Er schenkt sie uns und sagt: „Was könnte ich Besseres geben, als mein eigenes Selbst? Gibt es etwas, das mehr wert wäre? Fehlt noch etwas, was darüber hinaus ginge? Die vollkommene Kraft zu handeln habe ich euch geschenkt, auch mein Selbst habt ihr erhalten! Mehr als das gibt es nicht."

Und doch sucht ihr in der äußeren Welt nach etwas. Was könnt ihr dort finden? Diese Welt ist die Welt des Nichts. Schaut sie euch doch genau an! Nur auf der Gemütsebene habt ihr den Eindruck, unendlich viel Dinge zu sehen. Aber sonst? Fragt eure Seele: 'Hast du etwas gefunden?' Sie wird antworten: 'Nichts - hier gibt es nichts.' Das kommt daher, daß nur das Gemüt betrogen, getäuscht und irregeleitet werden kann. Wir wurden von all diesen weltlichen Einrichtungen richtiggehend verführt und betrogen.

Aber Gott, der Meister, gibt uns seine Gaben auf der Ebene der Seele, und dann stellt sogar das Gemüt fest: „Ich bekomme auch etwas." Und nach einiger Zeit wird es sogar sagen: „Ich habe alles gefunden. Ich bin zufrieden." Der Intellekt wird ebenfalls erleuchtet und wird allwissend. Gottes handelnde Kraft ist bei uns, und wir können ein vollendetes Dasein führen. Das ist das großartige Leben, das euch der Meister eröffnet und das euch von Gott bereits verliehen wurde. Aber es ist noch nicht zu unserem Ziel geworden.

Wir irren in der Finsternis umher, und nur die Dunkelheit ist unser Anliegen. Das Ziel erkennen wir nicht. Wir finden es nirgends, denn das Gemüt kennt kein Ziel, es hat kein Verständnis und kein Gefühl dafür. Wenn jemand überhaupt kein Verständnis hat, wie kann er sich dann Gedanken darüber machen, wo er sich hinwenden soll? Fragt man denn ein Pferd: „Wohin gehst du?" Man kann doch nur dem Reiter diese Frage stellen; er hat erst über sein Ziel nachgedacht und sich dann auf den Weg gemacht. Er weiß, welchen Weg er nimmt und weshalb er auf diesem Weg reitet. Das Pferd kann das nicht wissen.

Auf die gleiche Weise können weder unser Verstand noch unser Gemüt Entscheidungen treffen. Sie haben keine Vorstellung, keinen Begriff und kein Empfinden von irgend etwas - und damit leben wir! Wir nennen uns großartig und klug und bilden uns ein, etwas zu sein. Selbst wenn wir die gesamte Welt beherrschten, wäre dies nur ein Fluch, ein Fluch und wiederum ein Fluch.

Wenn ihr einen Freund braucht, wen solltet ihr da rufen? Wer ist euer Freund? Es ist Gott, es ist der Meister! Ich behaupte das unmißverständlich! Wenn ihr mit ihm Freundschaft geschlossen habt, habt ihr auch tatsächlich einen Freund! Einen anderen habt ihr nicht. Anderen könnt ihr Liebe und Sympathie entgegenbringen, ihnen helfen, sie emporheben - aber ihr solltet niemals etwas von ihnen erbitten. Wir glauben, wenn wir entgegenkommend miteinander umgehen, könnten wir von Freunden und Verwandten Hilfe bekommen. Zu diesem Zweck schließen wir Freundschaften und pflegen verwandtschaftliche Beziehungen - doch damit erreichen wir es nicht.

Wir können in Wirklichkeit nur von einem sagen, daß er unser Freund ist und uns beschenkt, uns dient, sich um uns kümmert. Dieser Status kann nur diesem einen zugeschrieben werden und keinem anderen. Niemals sollte uns der Gedanke kommen, niemals sollten wir darüber nachsinnen, daß jemand anderer unser Wohltäter, unser Betreuer oder für uns nützlich sein könnte - solche Überlegungen sollten wir niemals anstellen! Solch ein Gedanke wäre ein großes Vergehen.

Nun, meine Lieben, es findet dennoch eine Entwicklung statt. Ich sage nicht, daß ihr alles heute erreichen müßt. Es macht nichts aus, daß ihr es bis jetzt noch nicht gefunden habt. Nein, ich sage nur, daß ihr nicht nachlassen sollt, sondern mehr und mehr mit dem heiligen Ton und dem heiligen Licht im Inneren in eine immer engere Verbindung kommen sollt. Geizt dabei nicht mit der Zeit!

Eine zeitliche Begrenzung wird dem Kind nur gegeben, wenn es nicht von sich aus für den Unterricht motiviert ist. Dann heißt es: „Du mußt zwei Stunden lernen, du mußt drei Stunden Aufgaben machen und üben", oder es wird ein Zeitplan aufgestellt. Ihr aber solltet 24 Stunden dabeibleiben. Mann und Frau werden ihre Liebe und ihr Zusammensein auch nicht auf ein, zwei oder drei Stunden beschränken. Wenn ihr sie fragt, möchten sie gerne 24 Stunden vereint sein, denn eine Gemeinschaft für das ganze Leben ist hergestellt, und deshalb müssen sie nicht dazu gezwungen werden. Warum sind also nun drei Stunden Meditation nötig? Weil wir durch Gemüt und Materie bereits so stark gefesselt sind, daß es uns sehr schwerfällt, uns von dieser Bindung zu lösen, und es ist anstrengend, mit der einen neuen Beziehung zu beginnen. Daher müssen uns sehr genaue Vorschriften gegeben werden, damit wir mit dieser Aufgabe beginnen können. Nach einiger Zeit werdet ihr von allein weitermachen, immer gefestigter sein, und die vorherige Beziehung wird mehr und mehr von ihrer hypnotischen Anziehungskraft verlieren.

Nach und nach werden wir uns immer stärker zu diesem neuen, wundervollen Leben hingezogen fühlen. Nach einer bestimmten Zeit werdet ihr euch vollständig mit dieser neuen, göttlichen Lebensweise eins fühlen, mit diesem System des Gottesreiches, und die Welt wird ihren Zauber vollkommen verlieren. Obwohl wir noch in dieser Welt leben, werden wir nichts Weltliches mehr wahrnehmen, sondern nur noch Gott in dieser Welt sehen. Er ergreift unser Herz und hält es fest. Das, wovon unser Herz vorher eingenommen war, wird hinausgeworfen. All diese Eindrücke sind dann verschwunden. Dieser Wandel muß herbeigeführt werden! Das kann nach und nach geschehen oder besser so schnell wie möglich, denn wir wollen ja aus unserem Leid herauskommen! Warum sollten wir es verlängern? Diese Lebensweise müssen wir uns aneignen, damit die andere Seite nicht zum Zuge kommt. Was schädlich und verderblich ist, muß vertrieben werden, wir müssen es hinter uns lassen. Was nützlich ist und was wir als rein und wahr entdeckt haben, das muß zu einem festen Bestandteil unseres Lebens werden.

Das, meine Lieben, ist etwas Grundsätzliches, und der Meister arbeitet daran. Er bemüht sich, euch auf verschiedene Art und Weise zu helfen, ihr aber hört nicht wirklich auf ihn! Ihr versteht ihn nicht richtig und meint: „Vielleicht lädt er nur eine Last auf uns ab. Es geht uns doch ganz gut, ganz wunderbar." Das ist ein Mißverständnis, wir begreifen da etwas falsch! Und wir behalten dieses Mißverständnis bei, und bevor wir unseren Irrtum nicht erkennen, werden wir auch der Wahrheit nicht folgen können. Wir werden sie nicht erkennen und auch nicht mögen.

Wenn aber die Wahrheit als Wirklichkeit erkannt wird und wir merken, daß sie das einzig Wahre für uns ist, dann werden wir ihr sofort nachlaufen. Dann brauche ich gar nicht zu sagen: „Bitte, meditiert zwei Stunden oder drei Stunden oder vier oder zehn." Dann werdet ihr 24 Stunden lang eine feste Verbindung haben, eine Hinwendung, eine Neigung wie bei einem Wasser, das beständig stromabwärts fließt. Ihr werdet eure Fahrt flußabwärts machen - dem wahren Verständnis entgegen! Automatisch wird dieser Strom fließen, wird euch mit sich ziehen, euch rufen, euch verzaubern, euch locken. Ihr selbst werdet rennen und eilen. Alle anderen Dinge, die euch behindert hatten, werden fortgewaschen sein. Sie werden euch nicht mehr im Weg stehen. Doch Rom wurde nicht an einem Tag erbaut, auch nicht in einem Jahr oder in zehn Jahren, nicht einmal in einem Menschenleben. Es hat viel länger gedauert. Aber es stimmt, daß dieses unser Ziel sehr schnell erreicht werden kann. Betet dafür, meine Lieben, und ihr werdet Erfolg haben!

# Bei Gott ist nichts unmöglich

*Montreal, 17.10.1997*
*Abendvortrag*

Meine lieben Seelen, ihr solltet wenigstens wissen, daß ihr Seelen seid und keine Körper. Doch reicht es nicht aus, wenn ich es euch nur sage. Ihr solltet auch zu Seelen werden und sehen, wie groß, wie herrlich und wie wunderbar ihr seid. Im allgemeinen genügen Informationen alleine nicht. Erst wenn wir etwas selbst erfahren, beginnen wir, daran zu glauben.

Während meiner Schulzeit hatten wir einen Zeichenlehrer, der uns folgendes Erlebnis erzählte. Vor einiger Zeit war er schwer krank geworden und in ein Koma gefallen. Da erschienen ihm drei, vier Männer und berichteten von einem König, der kein Kind habe und seit langem zu Gott darum gebetet hätte. Nun wolle man seinen Wunsch erfüllen und ihm ein Kind schenken. Weiter sagten sie: „Du hast zwar noch dreißig Lebensjahre in diesem physischen Körper zur Verfügung, aber es wurde nun so geplant, daß wir dich von diesem Ort wegholen und dich in der Familie des Königs zur Welt kommen lassen, wo du ein schönes Leben haben und König werden wirst."

Unser Lehrer war nicht damit einverstanden: „Ich habe Familie, ich habe hier alles, ich bin zufrieden und habe es nicht nötig, dorthin zu gehen." Das zeigt den Zustand des Gemüts, es möchte immer und überall in den armseligsten und schwierigsten Verhältnissen bleiben. Ratschläge für ein besseres Leben nimmt es nie an. Jene Leute kannten diese Schwäche des Menschen.

Sie sagten: „Gut, gut, wir werden nichts tun, was du nicht selbst willst. Aber, du solltest diesen Ort erst einmal sehen, und dann kannst du dich entscheiden."

Damit war er einverstanden. Seine Seele wurde in die Paläste jenes Königs gebracht, und dort sah er wundervolle, herrliche Dinge. Danach sagte er: „In Ordnung, ja, ich bin bereit." Denn die Verhaltensweise des Gemüts ist so, daß es nicht bereit ist, irgendwelche bloßen Mitteilungen zu akzeptieren, solange es etwas nicht selbst sieht. Dann bat man den Lehrer, eine Einverständniserklärung zu unterzeichnen. Doch als er sie las, stand darauf unglücklicherweise nicht sein Name, sondern der seines Nachbarn. Daraufhin sagten diese Boten: „Tut uns leid, daß wir dich belästigt haben."

Sie ließen ihn stehen, und er blieb unser Zeichenlehrer, der weiterhin leiden mußte, anstatt als großer König zu leben. Kurz darauf starb sein Nachbar. Ihm haben sie wohl dasselbe gesagt und gezeigt, und er hat zugestimmt. Seine Seele wurde fortgeholt, und der Körper blieb tot zurück.

Alle Meister, die je in diese Welt gekommen waren, wußten um die Schwäche und Verhaltensweise der Herzen und Gemüter der Menschen, und wie damit umzugehen ist. Auch in der Bibel heißt es: „Ich bin gekommen, diejenigen sehend zu machen, die nicht sehen." Wenn euch also gesagt wird, daß ihr Seele seid und zum Reich Gottes und Gott gehört, wird dies für euch auch erfahrbar gemacht. Danach müßt ihr zuverlässig und aufrichtig daran arbeiten, damit ihr zu einer festen Überzeugung gelangt; denn mündliche Informationen können wahr oder auch falsch sein. Erst wenn ihr ihren Inhalt auch so erfahrt, wie er euch geschildert wurde, könnt ihr darauf bauen.

Was ist derzeit die Schwierigkeit für mich und für euch? Die Arbeit, die vom Meister getan werden muß, besteht darin, daß er die Seele aus dem Körper emporhebt und hierher zum Augenbrennpunkt bringt. Dann muß er ihr Eintritt in das Reich Gottes verschaffen, wo sie ihr Bewußtsein, ihr Leben findet. Sie wird erweckt. Hiermit beginnt das Leben eures eigenen höheren Selbst.

Auf der anderen Seite gibt es auch das Leben des physischen Körpers, der zum Tierreich gehört. Obwohl seine Funktionsweise und sein Aussehen sich sehr von denen der Tiere unterscheidet, ist die grundlegende Lebensweise doch die gleiche. Unglücklicherweise sind wir uns nur des materiellen Körpers bewußt, als gäbe es nichts anderes. Selbst wenn man euch sagt, daß ihr nicht nur ein irdisches Leben habt, sondern daß es noch eine andere Welt und ein anderes Leben gibt, die ganz herrlich und wundervoll sind, glaubt ihr es nicht.

Das liegt aber nicht an einem Mangel an Information. Vom Körper heißt es: „Staub bist du, und zu Staub wirst du wieder werden." Und weiter: „Ihr seid Seele und gehört zu Gott." "Das Reich Gottes kommt nicht durch äußere Gebärden, es ist inwendig in euch." „Euer Körper ist der Tempel Gottes, die Wohnstatt Gottes, er wohnt in ihm." Es heißt auch, daß wir vollkommen werden sollen, indem wir mit Gott Verbindung aufnehmen. Ein Arzt kann euch zu einem Arzt ausbilden, ein Ingenieur zu einem Ingenieur. Wenn ihr aber als Seele zu Gott geht, wird er euch zu seinem eigenen Selbst, zu Gott machen.

Auf dieser Welt möchte jeder die besten Aussichten auf ein herrliches Leben haben, doch nicht bei allen trifft das ein. Es gibt so viele Begrenzungen, und wir müssen bleiben, wo wir sind. Es gibt viele, die sich Tag und Nacht als ungelernte Arbeiter körperlich abmühen - wie beladene Esel und Pferde. Obwohl sie sich um einen schönen, gehobenen Lebensstil bemüht haben, haben sie ihn nicht erreicht. Aber Gott zu werden und sich als Gott zu erfreuen, ist jedem möglich. Nichts ist so sicher und einfach. Jeder hat die Fähigkeit, zu Gott zu werden.

Der Meister nimmt jeden an, der kommt und um die Verbindung zu Gott bittet. Er meint nicht: „Ich will überprüfen, ob jemand dafür tauglich ist oder nicht." Denn er weiß, daß alle Seelen, die jetzt in einem menschlichen Körper erschienen sind, es bereits verdienen, und daß für sie alle Hoffnung besteht. Die Seelen von Tieren anzunehmen, ist jedoch vollkommen unmöglich, weil ihnen die Voraussetzungen dafür fehlen. Aber alle Menschen, die kommen, nimmt der Meister an und sagt zu ihnen: „Ich werde euch nicht auf halbem Weg zurücklassen. Es ist meine Pflicht, euch mit Gott zu vereinen."

Wir sollten ein wenig darüber nachdenken, in welchem Maße wir mit ihm zusammenarbeiten. Er ist allerdings nie verzweifelt oder der Meinung, etwas Falsches getan zu haben und in Verlegenheit zu sein. Komplizierte, schwierige Fälle wurden ebenfalls erfolgreich behandelt, obwohl es aussah, als sei dies unmöglich. Deshalb sollten wir begreifen, daß wir uns bemühen müssen, zu Gott zu werden. Kann es etwas Größeres, Wunderbareres und Herrlicheres geben?

Wenn ein Meister eine Seele akzeptiert, erfährt sie eine mehr oder weniger starke Verbindung mit dem heiligen Licht und Ton sowie etwas Frieden, ein Erwachen der Liebe – und von selbst stellen sich noch viele andere gute Gefühle ein. Ihr werdet nur gebeten, nicht

nach außen zu schauen: „Schließt eure Augen und lenkt einfach nur eure Aufmerksamkeit nach innen." Das ist nicht schwer.

Wenn wir an einer Tür stehen, können wir uns sowohl nach außen als auch nach innen wenden. Ist das denn wirklich eine harte Arbeit, die wir nicht schaffen können? Ich denke, es ist das Einfachste und Leichteste, sich von einer Richtung in die andere zu wenden. Sogar Leute, die am Rande des Todes standen und im Krankenhaus lagen, wurden initiiert. Auch sie konnten diese Verbindung erlangen. Denn hierfür ist keine schwere Arbeit erforderlich, die ihr mit dem Körper verrichten müßtet. Es geht nur um die Aufmerksamkeit, und das ist sehr leicht.

Was müßt ihr anschließend tun? Welche Übungen müßt ihr durchführen? Das einzige, was ihr zu tun habt, ist, einige Zeit die Augen zu schließen und die Aufmerksamkeit von der Welt zurückzuziehen und sie in eurem Inneren nach vorne auszurichten. Es ist so, als ob ihr mit einem Bus fahrt und dem Fahrer oder Schaffner euer Ziel nennt. Wenn eure Haltestelle kommt, wird er es euch sagen, und ihr steigt aus. Ihr könnt die Reise behaglich genießen. Ihr könnt schlafen, sitzen, euch entspannen und die Augen schließen, denn der Fahrer und der Busunternehmer sind für die Reise verantwortlich.

Auch wenn es unterwegs Schwierigkeiten und Probleme gibt, braucht ihr euch darum nicht zu kümmern. Es ist die Pflicht der zuständigen Leute, die Situation zu bewältigen und dafür Sorge zu tragen, daß ihr sicher am Ziel ankommt. Von dem Reisenden wird nur verlangt, daß er sitzen bleibt und nicht aus dem Bus springt. Um zu meditieren ist es nur erforderlich, daß ihr mit euren weltlichen Gedanken nicht nach außen geht, sondern euch auf euer Inneres konzentriert. Zweifellos ist es nicht so einfach, in einem dunklen Raum zu bleiben, in dem man sich ein wenig fürchtet. Nur wenn es dort, wo ihr seid, etwas Anziehendes und Interessantes zu sehen gibt und es euch Freude macht, werdet ihr gern dort bleiben.

Deshalb bekommt ihr etwas zu sehen, das sehr anziehend ist. Ihr spürt friedliche Schwingungen gleich einem Elixier, wenn ihr in das Licht schaut. Der Tonstrom seinerseits ist sehr, sehr besänftigend, voller Duft und Trost, und ihr werdet euch an dieser Süße und diesem Frieden erfreuen. Ihr werdet vielleicht schon gemerkt haben, daß ihr so stark nach innen gezogen werdet, daß ihr eure Augen am liebsten nicht mehr öffnen würdet.

In Indien sorge ich für ungefähr zweitausend Leute, die täglich zehn bis zwölf Stunden meditieren. Sie sind jetzt so sehr in das Innere vertieft, daß mindestens die Hälfte von ihnen die Augen nicht öffnet, selbst wenn sie zum Essen gebeten werden. Wenn wir ihnen vorschlagen: „Öffnet doch wenigstens beim Essen die Augen !", sagen sie: "Mit geschlossenen Augen zu essen ist leicht für uns. Von der großen Freude, dem tiefen Frieden und dem köstlichen Genuß, die wir im Inneren erfahren, können wir nicht lassen; davon wollen wir nicht mehr getrennt werden."

Die Anziehung, die vom heiligen Licht und Ton Gottes ausgeht, wird uns gleich von Anfang, an bei der Initiation, gegeben. Doch unser Gemüt, das bereits eine Überdosis an Gift zu sich genommen und daher einen sehr bitteren Geschmack angenommen hat, kann etwas so Köstliches nicht sofort wahrnehmen. Wenn ihr

Fieber habt und euer Mund dadurch ganz bitter geworden ist, kommt euch Süßes, Wohlschmeckendes auch unangenehm oder ungenießbar vor. Sobald jedoch das Fieber vorüber ist, werdet ihr Wohlschmeckendes wieder genießen können.

In gleicher Weise hat unser Gemüt Zeitalter um Zeitalter den schrecklichen Geschmack des Negativen angenommen. Was uns aber Gott an Wunderbarem, Schönem und Köstlichem gibt, sieht nach nichts aus, weil zuerst die Wirkung all dessen, was wir durch die Negativkraft angesammelt haben, wieder aufgehoben werden muß. Dennoch nehmt ihr etwas wahr. Die Gotteskraft, die Meisterkraft hat alles, was wir an Negativem angehäuft haben, unter Kontrolle und läßt uns wenigstens ein bißchen Geschmack empfinden, so daß wir uns davon angezogen fühlen.

Ihr müßt nur ein wenig Geduld aufbringen. Sobald ihr in Meditation sitzt, ist euer Gemütszustand einfach schrecklich. Selbst wenn ihr euch sehr anstrengt, mit dem heiligen Licht oder dem heiligen Ton verbunden zu bleiben, wird das Gemüt sofort abschweifen - oder es versetzt euch in eine Art unbewußten Zustand, der euch wie Schlaf vorkommt. Aber kümmert euch nicht um solche Angriffe! Die Gotteskraft und die Meisterkraft arbeiten ununterbrochen an euch, um euch zu helfen. Nach einer halben Stunde werdet ihr merken, daß sich euer Gemütszustand schon sehr gebessert hat. Nach etwa einer Stunde ist es noch ruhiger und fühlt sich noch stärker angezogen, und nach zwei oder drei Stunden seid ihr dann wirklich nach innen ausgerichtet.

Gewöhnlich sind wir jedoch ein wenig ungeduldig, oder wir haben so viele weltliche Verpflichtungen, daß wir nicht länger als ein, zwei oder drei Stunden hintereinander sitzen können. Zumindest sollten wir diese Eigenart des Gemüts kennen und wissen, wie wir mit der Situation umgehen können. Ich habe das alles selbst erfahren. Ich habe fünfzehn, sechzehn Stunden am Tag meditiert und konnte mich in diesen langen Stunden wirklich erfreuen. Wenn ihr nur eine Stunde in Meditation sitzt, seid ihr immer noch unkonzentriert und steht im gleichen Zustand wieder auf.. Das ist der Grund, warum für gewöhnlich die frühen Stunden ab drei oder vier Uhr morgens empfohlen werden, denn da könnt ihr bis sieben oder acht Uhr meditieren. Das sind drei oder vier Stunden, die auch nicht für weltliche Arbeit gedacht sind.

Wir sind aber nicht fest entschlossen, sondern wankelmütig! „Wo ein Wille ist, ist auch ein Weg." Wenn ein Student eine Prüfung bestehen will, muß er noch um Mitternacht seine Petroleumlampe brennen haben. Wenigstens früher war das einmal so, jetzt müßte man natürlich Glühbirnen sagen. Überkommt ihn der Schlaf, muß er sich mit Tee oder Kaffee wachhalten. Diese Schwierigkeiten hat jeder, der Erfolg haben will.

Der Meister meines Großmeisters, Baba Jaimal Singh, hatte auch das Problem, daß er beim Meditieren einschlief. Doch er fand eine Lösung. Er band eine Schnur um sein Haar und befestigte das andere Ende dieser Schnur an einem Haken an der Wand. Wenn sich sein Kopf im Schlaf dann nach vorne neigte, wurde er sofort geweckt. Die Sache ist die, daß wir bei diesen Schwierigkeiten und Problemen immer sofort klein beigeben; wir geben ihnen nach, während die Meister dagegen ankämpfen. Wenn wir diesen Kampf aber aufnehmen, ist alle Hilfe vom Meister da. Er wird ihn für euch gewinnen, und ihr werdet in der Lage sein, an euer Ziel zu kommen.

Wir müssen dieses Ziel, Gott zu werden, erreichen, sonst gibt es für uns keinen Ort, an dem wir auch nur einen Augenblick verweilen können. Auf dieser Welt habt ihr es sehr schwer. Jeden Augenblick stellen sich neue Herausforderungen ein. Wenn ihr abends zu Bett geht, lassen euch eure Probleme nicht los. Immer noch kreisen eine Menge belastende Gedanken in eurem Kopf. Ihr denkt: „Wenn ich morgen aufstehe, tue ich dies und das und dann dieses und jenes." Ihr macht sogar schon Pläne für die nächsten ein, zwei Jahre und könnt nicht in Ruhe schlafen.

Dann kommen die Träume, die euch unentwegt durchrütteln; denn die Spannungen und Probleme des Gemüts arbeiten im Schlaf weiter. Ihr werdet schon erlebt haben, daß Leute im Traum rufen, sprechen und alles mögliche erzählen. Das zeigt, daß sie nicht friedlich schlafen können, wenn sie mit Belastungen und Sorgen eingeschlafen sind. Ihr könnt euch also nicht richtig entspannen, und wenn ihr dann aufwacht, seid ihr immer noch müde. Wieder erwartet euch ein großes Tagespensum - ihr müßt dieses und jenes erledigen, und so hastet, rennt und lauft ihr umher.

Es tut mir leid sagen zu müssen, daß zwar der Mensch ein Ende finden wird, seine Probleme jedoch niemals enden. Anstatt sie am nächsten Tag lösen zu können, werdet ihr sie im nächsten Leben lösen müssen, denn aus den Schwierigkeiten, die ihr selbst geschaffen habt, müßt ihr euch auch selbst wieder befreien. Das ist das Schicksal des armen Menschen auf dieser Welt, gleichgültig ob er in Kanada, Amerika oder Mexiko lebt. Ich glaube, die Mexikaner sind besser dran. Sie machen sich keine Sorgen und denken: „Mañana, mañana!" *(„Morgen, morgen!")* Sie können zwar eine Sache bis "mañaña" aufschieben, aber dadurch wird sie nicht aus der Welt geschafft.

Also, meine Lieben, befreit euch aus dieser ganzen problembeladenen Situation! Nehmt eurem Kopf diese riesengroße Last ab und legt sie dem Meister zu Füßen! Er wird darüber sehr glücklich sein und sagen: „Ihr habt mir da wirklich wunderbare Geschenke mitgebracht." Denn, meine Lieben, ich wurde von dem Frieden, dem Glück und den Freuden dort oben, wo ich nie leiden mußte, gesättigt. Jetzt kann ich wenigstens eure Leiden genießen. Ich teile eure Leiden, und ihr teilt meine Freuden, denn auch ihr habt dieses Leid ja gründlich satt und seid seiner überdrüssig. Jetzt wollt ihr euch erfreuen, und das ist auch richtig so.

Mein Meister erzählte gerne folgendes Gleichnis dafür, daß man alle Verantwortung auf den Meister laden soll, wenn man einen Meister gefunden hat: „Warum tragt ihr euren Koffer in einem fahrenden Zug?" Das ist der Punkt! Wenn ihr einen Meister habt, muß er euch jede Verantwortung abnehmen. Warum gebt ihr nicht jede Verantwortung ab, sondern behaltet immer noch einen Teil davon selbst? Der Meister ist niemals müde und empfindet euch niemals als Belastung, und findet auch nicht, daß ihr ihm große Mühe bereitet. Wenn ihr eine kleine Maus mit einem halben Kilo beladet, wird sie darunter begraben. Nehmt ihr tausend Mäusen etwas von ihrem Gewicht weg, vielleicht fünfhundert Kilo, was bleibt euch dann übrig? Fünfhundert Kilo! Beladet ihr dann einen Elefanten damit, so wird der Elefant glücklich sein, daß es nur fünfhundert Kilo sind, und nicht fünf Tonnen! Fünf oder auch zehn Tonnen kann er leicht tragen. Und wie viele Mäuse wurden von ihrer Last befreit? Tausende!

Was sind also wir, verglichen mit dem Meister? Er ist Gott, und wir sind wie die kleinen Mäuse. Er ruft uns zu: „Kommt her, die ihr mühselig und beladen seid, ich will euch erquicken, ich will euch Frieden geben, ich werde euch von eurer Last befreien." Doch wir verstehen das nicht, weil der Meister aussieht wie wir und auch nichts weiter als ein physischer Körper ist. Er aber ist nicht dieser Körper. Er behält ihn nur um euretwillen, damit ihr ihn sehen und mit ihm sprechen könnt, damit ihr euch ein wenig von ihm angezogen fühlt und eine Beziehung zu ihm herstellen könnt.

In Indien kam jemand zu mir, der Lord Krishna verehrte. Unsere Leute hatten ihn auf dem Markt getroffen und brachten ihn am Abend mit zu mir. In äußerst trauriger Verfassung erzählte er, was ihm auf dem Herzen lag. Vor vierzehn Jahren erhielt er von jemandem ein Mantra und wurde angewiesen, daß er mit diesem arbeiten sollte. Auf diese Weise würde er Krishna finden. Er weinte und schluchzte bitterlich: „Ich habe mein Bestes versucht, aber bis heute habe ich nichts gefunden!"

Ich tröstete ihn: „Mein Lieber, mach dir keine Sorgen, du wirst ihn finden, weil du wirkliche Sehnsucht nach ihm hast. Aber er ist nicht im physischen Körper, so daß ich dich einfach in die Städte schicken könnte, von denen es heißt, daß er dort geboren wurde und dort lebte. Er befindet sich in seinen göttlichen Regionen, wo er zu Hause ist. Ich werde dich dorthin schicken, und du kannst ihn sehen." Er konnte mich nicht verstehen. Ich sagte: „Nun gut, mach dir keine Sorgen, schließ deine Augen und konzentriere dich einfach nur hier am Augenzentrum!" (Damals wurde er noch nicht initiiert, sondern erst später.)

Nach ungefähr einer halben Stunde holte ich ihn aus der Meditation und fragte ihn: „Mein Lieber, woran konntest du dich erfreuen?" Er war sehr, sehr glücklich und vor Freude ganz außer sich: „Ich habe Krishna gefunden, ich habe meinen Herrn gesehen, ich habe alles gesehen, was ich wollte." Da erzählte er: „Zuerst erschien Krishna als ein sehr anhängliches, liebevolles Kind, das mit dem Vater spielt. Mal sprang Krishna auf die rechte Schulter, mal auf die linke Schulter des Vaters, mal wurde er gejagt, mal war er es, der den Vater jagte. Dieses schöne Spiel hielt eine Weile an, doch nach einiger Zeit wurde Krishna sehr, sehr, sehr, sehr mächtig und groß. Er dachte wohl: ‚Dieser Mann da, mein Ergebener braucht nicht zu denken, daß ich nur dieser kleine Junge bin, der mit ihm spielt. Ich bin auch so groß, so gewaltig, daß es sich niemand vorstellen kann.'" Da wunderte sich der Mann nur noch und fürchtete sich sehr. Aber dann wurde Krishna wieder klein, nahm dieselbe Gestalt wie vorher an und begann wieder, mit ihm zu spielen.

So sind auch die beiden Erscheinungsformen des Meisters. Seid ihr im physischen Körper, kommt er ebenfalls als physischer Körper zu euch und nennt euch: „Mein lieber Bruder, meine liebe Schwester", genauso wie ihr euch untereinander nennt. Sind wir traurig und weinen, weil wir einen Verlust erlitten haben, dann vergießt auch der Meister Tränen mit uns. Sind wir fröhlich, freuen wir uns oder sind gar überglücklich, dann freut er sich ebenfalls und tanzt vor Glück mit uns. Wenn er das nicht tut, können wir seine Nähe und unsere Beziehung zueinander nicht wahrnehmen; denn sind wir uns auf allen Ebenen nahe, wollen wir uns ganz und gar miteinander verbinden. Doch so fängt das Ganze nur an, das ist erst der Beginn der Beziehung.

Nun erweckt der Meister eure Seele, und eure Seele wächst, bis er zu erkennen gibt, wie groß und wunderbar er ist. Dann hat die Seele den Eindruck: „Er ist unermeßlich, unvorstellbar, man kann gar nicht abschätzen, wie groß, wie wunderbar, wie großartig er ist. Nur er selbst weiß, was er ist.“ Und dann wird unsere Seele ebenso groß und mächtig sein, da wir mit ihm verwandt sind und erkennen, daß wir uns nicht sehr von ihm unterscheiden. Denn bleibt der Blick nicht auf den Körper des Meisters beschränkt, erfahren wir wirklich, wie unermeßlich er als Gott ist.

Meine Lieben, es ist sehr schwierig, einen Bettler so zu verändern, daß aus ihm ein König wird. Dieser arme Mensch, der als physischer Körper wie ein Tier handelt, kann nicht so einfach zu Gott gemacht werden. Doch ich bin hundertprozentig davon überzeugt, daß ihr alle dazu werdet! Wenn ein armer, schwacher und unbedeutender Mensch wie ich das erreicht, warum solltet ihr es nicht auch können? Ich wurde in einem kleinen Dorf geboren, wo ich als erster eine Schulbildung erhielt. Vorher hatte niemand seit Bestehen des Dorfes je eine Schule besucht. Während des Zweiten Weltkriegs waren viele Männer aus unserem Dorf zum Militär eingezogen worden, und ich mußte die Briefe sämtlicher Dorfbewohner lesen und schreiben. Aber ich habe von niemandem etwas dafür verlangt, ich tat alles kostenlos. Ein guter Mensch verlangt nichts und dient den Kindern Gottes beständig. Gott ist allgegenwärtig, und er sieht, daß ihr seinen Kindern dient. Er wird euch bezahlen und euch jede Belohnung geben.

Ich möchte damit sagen, daß es das Wort 'Gott' in unserem Dorf nicht gab. Die Leute waren einfach nur sehr damit beschäftigt, ihr eigenes kleines, physisches Leben zu leben. Es gab keine Schule und nicht einmal eine religiöse Stätte. Ich glaube, die Negativkraft hatte es so eingerichtet, daß ich an einem Ort zur Welt kommen sollte, wo ich nichts lernen konnte. Doch ich fuhr mit meiner weltlichen Ausbildung fort, machte einen Abschluß, wurde Ingenieur und übte diesen Beruf auch aus. Ich hatte Familie, doch gleichzeitig war ich mit Gott verbunden. Kein Widerstand, gleich welcher Art, keine von der Negativkraft geschaffene, noch so schlimme Situation wird also in der Lage sein, euch von ihm fernzuhalten. Sobald euch der Meister gefunden hat, hat euch Gott gefunden, und ihr werdet mit Sicherheit zu Gott werden.

Nun ist es also eure Pflicht, zu Gott zu werden. Wann? Morgen? Übermorgen? Überübermorgen? Macht euch einen Plan, meine Lieben! Verfolgt ihr ein Ziel, müßt ihr planen, daß ihr euch morgen oder übermorgen auf den Weg macht. Das einzige, was ihr nicht sagen könnt, ist: „Ich möchte morgen sterben." Ich frage euch nicht danach, wann ihr sterben werdet. Ich frage, wann ihr zu leben beginnen wollt. Ihr werdet in Ewigkeit leben, denn es gibt keinen Tod. Das Wort „Tod“ steht nicht in unserem Wörterbuch, und das Wort „Leid“ ebenfalls nicht. Man findet es vielleicht im Wörterbuch der Negativkraft, aber nicht beim Meister.

Der Meister fragt nur: „Woran erfreust du dich? Wie bewahrst du dir deine Freude?" Er fragt nicht: „Leidest du?", so daß ihr sagt: „Noch nicht, noch nicht." Ihr sollt auch nicht sagen: „Ich leide", sondern: „Freude habe ich noch nicht erfahren." Der Meister wird entgegnen: „Gut, mein Lieber, mach dir keine Sorgen, ich werde dir helfen. Arbeite ein bißchen aufrichtiger und geduldiger daran, und alle Dinge werden für dich erledigt, so daß du dich erfreust."

Die Lösung des Problems habe ich mir so vorgestellt, daß ich die zweitausend Leute, die in Indien intensiv meditieren, zu lebendigen Beispielen machen werde. Wenn sie euch anschauen werden, werdet ihr erkennen, daß Gott euch anschaut. Und wer spricht durch sie zu euch? Gott.

Alles, was in den Schriften geschrieben steht, entspricht der Wahrheit, ihr werdet es erleben und dann auch glauben. Deswegen habe ich die Belastung auf mich genommen, zweitausend Personen aufzunehmen, ihnen Essen und Unterkunft zu geben und auch eigens für sie Wohnraum zu schaffen. In westlichen Ländern ist das sehr schwierig, ja sogar unmöglich, weil die Gesetze, Bestimmungen und Vorschriften sehr streng sind. Doch in Indien ist das sehr einfach. Ich fasse heute den Plan, daß ich ein Haus baue, morgen fange ich damit an, und in zwei Tagen ist es fertig. Wir müssen keinerlei Genehmigungsverfahren durchlaufen. Wir machen, was wir wollen.

Es war also sehr leicht, und den zweitausend Meditierern geht es sehr gut. Ich hoffe, daß ihr in ein oder zwei Jahren diese lebendigen Beispiele der Vollkommenheit sehen könnt, die von sich sagen können: „Ich und mein Vater sind eins." Ihr werdet wirklich über die Maßen hervorragende und gesegnete Menschen sehen und denken: „Das ist Gott, kein Mensch. Der Mensch ist nur die Körperhülle, in der Gott gegenwärtig ist. Angenommen, von den zweitausend, mit denen ich arbeite, schaffen fünfhundert oder vielleicht auch nur fünfzig den Durchbruch, so wird das genügen. Es wird euch zufriedenstellen, und ihr werdet einsehen, daß es möglich ist, zu Gott zu werden und mit ihm eins zu sein. Wenn einer von euch etwas erreichen kann, können das die anderen mit ein wenig Anstrengung und Führung ebenfalls.

Es ist also meine bescheidene Bitte an euch alle, nicht in dieser Bedeutungslosigkeit zu bleiben. Der übelriechende Abfall hier kann als Dünger verwendet werden und eine wunderbar duftende, zarte, schöne Blume hervorbringen. Von den Menschen dieser Welt sind manche durch und durch schlecht, sie sind Spieler, Lügner, Diebe, Banditen, Räuber, Mörder, und ihretwegen werden große Anstrengungen unternommen. Aber ein völlig verschmutztes Kind kann gewaschen werden, und in einer Stunde ist es wieder schön sauber.

Alle Schilderungen und Ausdrücke, mit denen wir belegt werden, gelten nur vorübergehend, in Wirklichkeit sind wir Gott. Ich bin sicher, daß ich euch alle zu Gott machen kann. Ich habe keine Schwierigkeit damit, ich muß nur mit ein wenig Geduld vorgehen. Zuerst sagt der Hirte: „Kommt her, meine lieben Schwestern, meine lieben Brüder, kommt nach Hause, kommt heim!" Einige folgen ihm, aber die Überzahl folgt ihm nicht. Dann sagt er: „Ein Löwe kommt, er wird euch verschlingen! Kommt, kommt, bringt euch bei mir in Sicherheit!" Aber immer noch gibt es einige, die sich selbst bei dieser Warnung nicht in Bewegung setzen. Dann bleibt noch eine letzte Konsequenz. *(Der Meister zeigt seinen Stock und lacht.)* Nun werden alle gelaufen kommen.

Der Meister besitzt alle Macht, er kann euch lieben, er kann euch segnen, und er kann auch streng mit euch umgehen. Ihr werdet alles bekommen, was ihr verdient. *(Lachend)* Nun nehmt euch in acht, daß ihr nicht den Stock verdient! Und woraus ist dieser Stock gemacht? Aus Elend, Krankheit und allem Leid, in denen die Menschen keine Hilfe und keinen Ausweg finden. Dann müssen sie den Meister und Gott annehmen. Solche Zeiten werden kommen. Derart harte und schlimme Situationen werden kommen, wo keine der weltlichen Einrichtungen irgendeinem Menschen mehr helfen kann. Hilflos werden sie sich an uns wenden müssen, weil wir ein Heilmittel für jede Krankheit und jedes Problem haben.

Eigentlich besitzen wir es jetzt schon, doch die Negativkraft hat eine gewisse Kontrolle darüber und läßt unsere Initiierten nicht die Segnungen des heiligen Lichts und des heiligen Tons genießen. Sie nimmt alles weg, verschlingt es und läßt uns nichts von den Segnungen genießen, die Gott uns sendet. Auch dagegen hat der Meister ein Heilmittel: Seit April 1992 meditiere ich im Himalaja und verbringe ungefähr neun Monate des Jahres dort.

Immer noch stelle ich jedoch fest, daß nichts von dem, was ich von Gott für die leidende Menschheit mitbringe, sie auch erreicht, eben weil die Negativkraft alles verschlingt. Aber ich sehe, wie ihr Bauch immer dicker und dicker wird, und ich warte auf die Zeit, da er platzen wird. *(Der Meister lacht.)* Dann wird sie nicht länger in der Lage sein, etwas in sich aufzunehmen, und das, was sie bereits verschlungen hatte, werdet ihr wieder zurückerhalten.

Der Meister ist sehr trickreich. Die Negativkraft ist nicht so listig, sie besitzt nur Negatives über Negatives, Verstand aber hat sie nicht. Der Meister aber besitzt jede Art von Intelligenz und Kraft, und er wird alles zu euren Gunsten handhaben. Ihr werdet erleben, daß jede Krankheit, welche es auch sei, durch unsere Übungen geheilt werden kann. Ihr wißt zumindest, daß im Licht und im Ton göttliche Kraft ist, etwas Besseres gibt es nicht. Das ist die höchste Hilfe. Aber auch die Negativkraft besitzt große Kompetenz, beinahe soviel wie Gott. Für einige Zeit kann sie sich zwischen Gott und seine Kinder stellen, aber nicht für immer. Die Zeit wird kommen, wo sie nicht mehr in der Lage ist, eine Barriere zwischen uns und den Segnungen Gottes, unseres Vaters, zu errichten. Dann wird der Satz: „Bei Gott ist nichts unmöglich", der in allen Schriften steht, Realität werden. Aber noch kann ich nicht sagen: „Verlaßt euch ausschließlich auf Gott und seine Segnungen", denn noch funktioniert das bei uns nicht. Wir können den Worten in der Bibel und anderen Schriften noch nicht vertrauen. Aber in einiger Zeit wird es so weit sein.

Es fand einmal ein Dichter-Wettbewerb statt, in dem es um Vaterlandsliebe ging. Das Thema lautete: „Ich lebe für das Vaterland, und ich sterbe für das Vaterland." Viele Poeten kamen und trugen ihre Gedanken vor. Schließlich stand ein kleiner junger Mann auf und begann: „Ich sterbe für das Vaterland, ich lebe für das Vaterland." Und er suchte in seiner Tasche nach dem Zettel mit seinem Gedicht, aber er fand es nicht darin. Daraufhin sagte er: „Ich lebe für das Vaterland, ich sterbe für das Vaterland." Und er suchte in der zweiten Tasche, aber da war es auch nicht. Als er den Zettel beim dritten Mal auch nicht fand, sagte er: „Ich sterbe für das Vaterland, ich lebe für das Vaterland, aber nicht heute, sondern erst morgen.“ *(Der Meister lacht.)*

Ja, meine Lieben, so geht es auch uns. Ich behaupte, daß die Worte der Bibel und aller Schriften wahr sind, aber nicht heute. Wartet einige Zeit, und sie werden wahr sein, meine Lieben! Der Tag wird kommen, und ihr werdet es erleben. Auch ich werde es sehen, obwohl ich sehr alt bin, aber auch noch nicht so alt. Ich sehe ein bißchen alt aus, ansonsten bin ich ein starker, junger Mann, weil mein Geist jung ist. Der Körper ist nicht wirklich erforderlich, um jung und stark zu sein. Der Geist sollte nicht schwach sein, wir sollten wirklich stark im Geiste sein!

Gut, meine Lieben, ich habe eure Anwesenheit wirklich genossen. Ihr seid überaus wunderbare Seelen. Aber noch muß man euch beschenken. Noch leidet ihr sehr. Ihr liegt noch in einem Krankenhaus, und es ist keine Hilfe da. Ihr leidet einfach nur und leidet und habt so viele Krankheiten. In diesem Tal des Todes gibt es immer nur Leid. Doch ich werde in der Lage sein, euch im Reich Gottes zu sehen, auch ich werde dort sein, genau wie ihr. Aber vergeßt nicht euer Ziel und was der Sinn eures Lebens ist. Ihr könnt weiterhin euer Vergnügen an Coca Cola, Eis, Spaghetti, Pfannkuchen, Krapfen haben, das macht nichts, aber vergeßt darüber nicht euer Elixier, das Manna des Lebens, das Brot des Lebens, das von Gott herabkommt! Einige von euch befürchten vielleicht, daß sie im Reich Gottes womöglich nur göttliche Segnungen, göttliches Elixier vorfinden, aber keinen Kaffee.

Doch bei Gott ist nichts unmöglich, ihr werdet auch vorzüglich zubereiteten Kaffee serviert bekommen! Und ihr werdet ihn genießen, meine Lieben.

# Alles liegt in eurer Hand

*Oregon, 6. 10.1997*
*Vormittagssatsang*
*Auszüge*

...Jene Größe, zu der wir nach den Worten der Meister von Gott ausersehen sind, wurde uns vorenthalten. Es heißt: „Wie er sprach durch den Mund seiner heiligen Propheten seit Anbeginn der Welt." Was sprachen sie denn? Sie sagten: „Ihr seid Seele, und eure Seele trägt das Siegel Gottes. Sie gehört Gott, also gebt sie ihm!" Sie forderten uns auf: „Sucht als erstes nach dem Reich Gottes! Das Reich Gottes ist auch euer Reich. Ihr seid dort Herrscher genau wie Gott - als Gott! Euer Reich ist genau dasselbe, das Gott hat." Wenn das so ist, solltet ihr in großem Glanz leben, ihr solltet eure hohe Stellung genießen und die gesamte Situation der Welt unter Kontrolle haben.

In eurem Reich darf nichts geschehen, was nicht in Ordnung ist, was ihr nicht gutheißt, zum Beispiel, daß es Leid gibt und Probleme oder daß der eine dem anderen Kummer bereitet. Ihr müßt so regieren, daß alles freundlich und angenehm verläuft. Euer Reich sollte wirklich ein friedliches, wunderbares Land und ihr ein guter, umsichtiger und beliebter Herrscher sein.

Diese Botschaft erhielt schon der erste Mensch, das erste menschliche Wesen, das auf dieser Erde geschaffen wurde. Gott sandte sie, und sie mußte dem Menschen vermittelt werden. Dadurch erfuhr der Mensch von seiner großen Macht: „Du bist nicht der Körper. Du bist Gott. Du bist Seele, und sie ist der Sitz Gottes und muß zu Gott werden. Du erhältst das Reich, dessen König und Herrscher du sein sollst, und zwar für ewig. Du wirst nie sterben und dich nie verändern. Niemals wirst du schwach sein und dich selbst erhalten müssen." Ist diese Botschaft nicht in allen heiligen Schriften zu finden? Ich habe so viele von ihnen gelesen, und sie sagen alle dasselbe. Auch die ältesten Schriften enthalten dieselbe Information.

In der Praxis wurde sie mir von meinem Meister vermittelt, das heißt, ich habe ihren Inhalt auch praktisch überprüft. Nachdem ich ihren Wahrheitsgehalt erfahren habe, bin ich nun hier, um sie euch nahezubringen, damit ihr mit dieser Wahrheit verbunden werdet und ihr euch über die Bedeutungslosigkeit des Körpers, der wie ein Grab ist, erheben könnt.

Die gesamte Welt ist ein Friedhof, sie ist das „Tal des Todes". Durch diese Meditationsübungen werdet ihr aus dem Körper emporgehoben und zu dem euch gebührenden Thron im Reich Gottes gebracht. Dadurch entkommt ihr der Kontrolle jeder anderen Macht, ob sie nun von dieser Welt oder irgendwelchen anderen Regionen stammt. Dort könnt ihr zu Gott werden, euch selbst in dieser wunderbaren Unabhängigkeit erhalten und aus eigener Kraft leben.

Warum habt ihr das nicht begriffen? Warum wißt ihr dieses Ziel nicht zu schätzen? Warum strebt ihr immer noch danach, ein guter Arzt oder Ingenieur zu werden oder in sonst einem Berufsstand Anerkennung zu finden? Ist das von Bedeutung? Ist das wichtig? Es ist absolut unwesentlich, sobald wir die gesamte Welt beherrschen - nicht nur diese Welt, sondern die gesamte Schöpfung Gottes, in der es für uns nur Freude und kein Leid gibt, und wo uns niemand zur Rede stellen wird: „Woher kommst denn du? Was tust du denn da?“ Keiner kann uns solche Fragen stellen, da es dort niemanden gibt, der über uns steht. Aber auch wir haben keine übergeordnete Stellung inne. Wir sind wie ein Vater, der mehrere Kinder hat. Sie besitzen überhaupt nichts, alles gehört dem Vater. Dennoch wird ein Vater seinen Kindern Befehle erteilen, denn er liebt sie. Seine Liebe beseitigt alle Unterschiede und Hindernisse, alle Menschen sind gleichgestellt. Selbst wenn jemand ganz arm und schwach ist und der andere wie Gott ist - alle Unterschiede sind aufgehoben, und wir empfinden nichts als Einheit.

So etwas vollbringt die Liebe. Ohne Herrscher zu sein, lenkt und überwacht sie alles. Sie erobert die Herzen der Menschen. Sie möchte für jeden alles tun. Kinder wissen genau, wie groß die Liebe der Mutter und des Vaters zu ihnen ist. Ihnen ist bewußt: „Natürlich sind die Eltern stärker als wir. Sie passen auf uns auf und sind auch streng zu uns, aber nur, wenn wir etwas angestellt haben. Dann bemühen sich die Eltern, uns auf den Weg zurückzuführen, so daß wir keine Probleme haben. In solch einem Fall sind sie sehr streng zu uns Kindern, maßregeln und überwachen uns. Grundsätzlich aber wollen die Eltern uns nicht kontrollieren oder beherrschen - das tun sie nur, wenn sie uns dadurch helfen können. Nur aus Hingabe und Liebe greifen sie ein. Was immer sie unternehmen, es geschieht aus Zuneigung, Liebe und elterlicher Fürsorge.“ Dies sind ihre Hauptbeweggründe, und den Kindern ist dies klar. Deshalb geht es der gesamten Familie auch ausgezeichnet.

Unser Vater, Gott, verhält sich genauso, und wir alle werden eines Tages die gleiche Verhaltensweise haben. Weil Gott so ist, nennen wir ihn „wahrer Vater“, „wirklicher Vater“ und „himmlischer Vater“. Die weltlichen Eltern verdienen eigentlich gar kein Lob, doch auf ihrer Ebene werden sie schon benötigt. Aber wenn der himmlische Vater kommt, alles andere verliert seinen Wert. Er allein reicht für uns aus. Ohne ihn ist nichts auf der Welt imstande, uns zu helfen.

Warum also konnten wir die Großartigkeit dieses Lebens nicht begreifen? Das ist eine Frage, die sich uns allen heute stellt. Daß wir unsere Pflicht nicht übernommen haben, ist die Ursache für die Tragödien, Probleme, Sorgen und das Leid in dieser Welt. Was werden die Geschöpfe der Erde tun, wenn die Sonne am Himmel steht, aber weder Wärme noch Licht spendet? Wie sieht dann ihr Schicksal aus? Sie sind hilflos und können die Wirkung der Sonne nicht ersetzen. Weder Mond noch Sterne noch sonst etwas ist dazu in der Lage. Was die Sonne leistet, steht allein in ihrer Macht. Genauso kann der Auftrag, den der Mensch hat, nur von ihm und von niemandem sonst erfüllt werden. Darum sind alle anderen Lebensformen hilflos, und wir sind verantwortlich, wenn sie Schwierigkeiten oder Probleme haben.

Man könnte sogar sagen, daß wir uns sehr versündigen, schreckliche Verbrechen begehen und die Ursache für Qualen, Probleme, Sorgen und Krankheiten aller anderen Lebewesen sind. Wir sollten dafür in Ewigkeit bestraft werden und leiden müssen. Wenn wir anderen Leid zufügen, muß eine Strafe folgen. Wir sollten denselben Zustand erleiden, in den wir andere gebracht haben. Hätten wir unsere Aufgabe erkannt, unsere Verantwortung begriffen und übernommen, dann hätten die anderen Geschöpfe nicht mehr zu leiden brauchen, wir hätten auch unser eigenes Leid beendet, und das

Problem wäre gelöst gewesen. Der Mensch trägt die Lösung in sich, aber er muß erst begreifen, daß er nicht der Körper ist...

Keiner kann in Negativem, also unter der Herrschaft der Negativkraft, glücklich sein. Erst wenn man sich als Seele erhebt und beginnt, mit Gott in seinem Reich zu leben, kommt alles in Ordnung, dann sind alle Probleme gelöst. Ihr habt diese Möglichkeit bereits: „Das Reich Gottes kommt nicht durch äußere Gebärden, es liegt inwendig in euch." In allen heiligen Schriften wird betont, daß der Körper der Tempel Gottes ist: „Wißt ihr nicht, daß ihr der Tempel des lebendigen Gottes seid und daß der Geist Gottes in euch wohnt?" Ebenso steht dort geschrieben, daß ihr Seele seid: „Eure Seele trägt das Siegel Gottes. Sie gehört Gott. Also gebt sie Gott." Die Seele ist da, sie befindet sich hier am Augenbrennpunkt. *(Der Meister zeigt auf seine Stirnmitte.)* Was fehlt denn dann noch? Was ist nicht vorhanden? Euer göttliches Reich ist da, ihr seid da, und er, der euch alle Macht gibt, euer Vater, ist auch da - ihr braucht diese Macht nur zu erkennen und vollkommen zu werden. Laßt sie euch von Gott geben und genießt euer großartiges Leben für immer und in alle Ewigkeit! Wenn ihr eine Machtposition in dieser Welt erringt, wird sie euch nicht lange erhalten bleiben. Selbst wenn ihr ein hoher Beamter seid, werdet ihr nach einiger Zeit wieder ein ganz gewöhnlicher Mensch sein, ihr werdet eure Stellung noch während eures Lebens verlieren. Nach dem Tod besitzt sowieso niemand mehr seine irdischen Machtbefugnisse; man irrt nur noch durch die Wildnis und leidet.

Meine Lieben, überprüft also eure Lebensweise! Tut ihr das nicht und lernt ihr euer eigenes Wesen nicht verstehen, gilt für euch, was im Adi Granth geschrieben steht; nämlich, daß es die Lebensart der Tiere ist, nichts zu wissen und auf demselben Bewußtseinsstand zu bleiben, mit dem sie geboren wurden. Sie wissen nicht, ob es etwas Besseres gibt, nicht, was die Zukunft bringt und wie die Vergangenheit war. Sie leben einfach nur vor sich hin, immer weiter - vom Zufall getrieben. Was geschieht, das geschieht eben! Sie bestimmen nichts und haben keine Kontrolle über sich selbst, ihr Leben bleibt dem Zufall überlassen.

Wir aber sind keine Tiere! Und so sollten wir auch nicht wie sie leben und uns nicht nur dem Zufall überlassen. Wir sollten Wissen und Ansehen besitzen und unser Leben selbst in die Hand nehmen. Manchmal gehen die Leute zum Astrologen und fragen, wie ihr Schicksal aussieht. Aber meine Lieben! Ihr seid die Schöpfer eures Schicksals! Nicht das Schicksal hat sich auf euch auszuwirken, sondern ihr sollt euer Schicksal gestalten!

Fragt doch Gott: „Kennst du dein Schicksal? Hast du je einen Astrologen befragt?" Er wird antworten: „Meine Lieben, ich bin euer Schicksal, euer aller Schicksal. Ich bin das Schicksal eines jeden einzelnen von euch. Kommt her zu mir, ich will euch zu dem machen, was ich bin! 'Kommt her zu mir alle, die ihr mühselig und beladen seid', ich will euch Ruhe geben, ich will euch Frieden geben, ich will euch alles geben." Was können die Astrologen schon sagen? Sie können euch zwar etwas erzählen, aber sie können nichts verändern. Dazu haben sie keinerlei Macht. Aber wenn ihr in euch selbst ruht, dann gibt es keinen Einfluß irgendeines Schicksals auf euch, denn auch das Schicksal wird von jemandem kontrolliert.

Ein Gefangener ist heute in dem einen Gefängnis untergebracht, morgen wird er in eine andere Anstalt und übermorgen in wieder eine andere verlegt, um eine bestimmte Maßnahme zu erfahren. All dies wird von der Polizeibehörde angeordnet. Der Gefangene darf und kann darüber nicht Bescheid wissen, die Behörde hat die Fäden in der Hand. Die Maßnahmen werden aber nur ausgeführt, wenn bestimmte Leute die Anordnung erhalten: „Gebt dem Gefangenen etwas zu essen! Gebt ihm Kleider! Versorgt ihn!" Oder: „Schlagt ihn! Erschießt ihn!" Es gibt Kräfte, welche die Behandlung der Gefangenen ausführen. Sie sind die Werkzeuge. Nur wenn diese Hilfskräfte eingeschaltet werden, erfahren die Menschen, die etwas Gutes getan haben, eine Belohnung. Ist eine Bestrafung erforderlich, geschieht auch sie durch Handlanger. Das bedeutet, daß eine Herrschaft über euch ausgeübt wird.

Dieses Beherrschtwerden wird nicht mehr bestehen. Von niemandem werdet ihr Segnungen benötigen, keiner wird euch verletzen oder euch Anordnungen geben können. Ihr seid selbst so vollständig und vollkommen, daß ihr leben könnt, wie ihr wollt. Wenn ihr eine Blume seid, werdet ihr ganz natürlich wie eine Blume leben. Ihr werdet aufblühen, ihr werdet schön sein und sanft. Berührt euch jemand, spürt er eure Zartheit, eure Süße und euren Duft. Ihr werdet also euer eigenständiges Leben führen, euer eigenes Selbst genießen und das gleiche werden diejenigen tun, die zu euch kommen. Ihr werdet euren eigenen, unabhängigen Lebensstil haben. Keiner wird irgendeinen Einfluß auf euch ausüben. Ihr habt alles selbst in der Hand. Das ist eure Seele, das ist euer Gott, und das ist euer Reich Gottes. Genießt dies alles, freut euch daran und gebt diese Freude an alle weiter! Ist das nicht euer wahres Leben? Wird es euch nicht von eurem Vater, Gott, gegeben? Wir haben noch nichts von ihm angenommen und noch glauben wir nicht an ihn. Laßt uns zu ihm gehen und sehen, was er ist! Er wird es euch erklären. Er wird euch so erscheinen, wie er ist, und ihr werdet es begreifen. Der Meister, Gott, kommt im Gewand eines Menschen, und er bringt euch dazu, daß ihr hier heraufkommt zum Dritten Auge. Und er fordert euch auf: „Geht weiter, bitte, geht immer weiter und weiter!" Wenn ihr ihm wirklich nach oben folgt, dann werdet ihr am Ende erfahren, daß er Gott ist. Er ist Gott! Solange er aber hier in der Welt ist, könnt ihr ihn nicht als Gott wahrnehmen.

Mein Meister erzählte gerne das Beispiel von dem russischen Zaren Peter. Er war nach Holland gereist, um Schiffsbau und Navigation zu erlernen. Dort traf er auf russische Emigranten, die aus ihrer Heimat vertrieben worden waren und hier im Exil wirklich hart arbeiten mußten, um ihr Leben zu fristen. Nun konnte er nicht einfach zu ihnen sagen: „Ich bin der Zar von Rußland und habe alle Macht", denn er befand sich ja äußerlich in der gleichen Position wie die Verbannten. Also sagte er zu ihnen: „Meine Freunde, ihr wurdet wegen schlechter Taten ins Exil gesandt, die ihr nicht hättet tun sollen und die nicht ungestraft bleiben konnten. Ihr seid verbannt worden und wurdet aus dem Land gejagt. Aber, meine Lieben, ich habe gute Beziehungen zum Zaren, ich kenne ihn. Ich bin sicher, wenn ich ihm euren Fall ans Herz lege, wird er wohlwollend darüber befinden und euch wieder aufnehmen. Bitte, kommt mit mir, wenn ich in zwei, drei Monaten zurückreise. Entschließt euch, mich zu begleiten und zu euren Familien, eurem Zuhause und eurem Besitz heimzukehren! Dort werdet ihr euch viel besser und wohler fühlen als hier, wo ihr nur ein hartes, hoffnungsloses Leben führt.”

Einige glaubten ihm und dachten: „Was er sagt, scheint zu stimmen. In seinen Worten steckt etwas Wahres. Wir wollen ihm vertrauen und mit ihm gehen, vielleicht ist es uns mit seiner Hilfe tatsächlich möglich, wieder in unserer Heimat zu leben.“ Andere meinten dagegen: „Nein, glaubt ihm nicht! Hier haben wir zumindest unser Existenzminimum. Aus Rußland wurden wir ausgewiesen, und jetzt leiden wir hier. Wenn wir zurückgehen, werden wir abgewiesen und verlieren auch noch das, was wir uns hier inzwischen erworben haben. Diesem Mann sollten wir nicht trauen!“ Und so gingen einige mit ihm, während andere zurückblieben.

Als seine Rückkehr in seinem Reich bekannt wurde, kamen ihm Höflinge und andere Untertanen entgegen, um ihn zu empfangen. Da dachten seine Begleiter: „Er scheint tatsächlich ein einflußreicher Mann zu sein. Er muß eine Beziehung zum Zaren haben, und wir werden durch seine Empfehlung sicher wieder aufgenommen werden.“ Im Palast angekommen bestieg er den Thron und es wurde offensichtlich, daß er der Zar selbst war. Da waren sie ganz fassungslos und fragten:“ Warum hast du uns denn nicht gleich gesagt, daß du der Zar bist?“

„Meine Lieben“, antwortete er, „wenn ich euch erzählt hätte, wer ich bin, hättet ihr zu mir gesagt: ‘Du bist doch verrückt, du träumst wohl! Wie willst du denn König sein? Wie wäre das denn möglich? Du bist ein Arbeiter wie wir auch. Du meinst wohl, du bist etwas Besseres als wir?’ Ihr hättet mir nicht geglaubt - kein einziger von euch! Das war mir klar, und deshalb habe ich euch nicht die ganze Wahrheit gesagt. Das konntet ihr annehmen, und nun habt ihr den Nutzen davon. Die anderen, die mir nicht glaubten, leiden noch immer."...

Die Krankenkassen *[(englisch) wörtlich: „Gesundheitsversicherungen]* versichern euch, die Kosten für eure Behandlung zu bezahlen. Vielleicht stimmt das ja. Eure Gesundheit aber können sie nicht versichern! Sie können nicht versprechen, daß ihr von gesundheitlichen Schwierigkeiten und Krankheiten verschont bleibt. Wer könnte euch das versprechen? Braucht ihr nicht eigentlich einen Vertrag, der sicherstellt, daß ihr nicht mehr leiden müßt und daß ihr keine Sorgen oder Probleme haben werdet? Möchtet ihr so etwas nicht haben? Ihr wünscht euch doch nichts sehnlicher als das! Die Begleichung eurer Ausgaben nützt euch nichts, denn das ist keine wirkliche Hilfe.

Was euch fehlt, ist, daß es euch immer gutgeht und ihr nie mehr Leid erfahrt. Wenn ihr das aber nicht möchtet, ist es auch in Ordnung, dann leidet einfach weiter! Genießt das Leid! *(Lachend)* Aber Leid bereitet euch keine Freude, das ist nicht möglich.

Ihr könnt Freude nur genießen, weil ihr aus Freude geschaffen seid. Ihr besteht aus Freude und nicht aus Leid. Nur Staub und Erde können alles ertragen und mit sich geschehen lassen. Ihnen fehlt das Bewußtsein, sie können immer brennen und leiden. Ihr aber habt Bewußtsein erhalten; und Bewußtsein heißt auch, sich aller Leiden, Probleme und Sorgen bewußt zu sein. Sie können uns sehr, sehr bewußt sein! Erst wenn ihr auf die euch eigene Art und Weise lebt und nur Ekstase, Frieden, Wissen und Weisheit in euch empfindet, könnt ihr auch die euch eigene Atmosphäre genießen. Sobald sich aber etwas Fremdes in eure Lebensweise einmischt, entstehen Probleme.

Meine Lieben, ihr bemüht euch nicht, von den Kräften freizuwerden, die Probleme schaffen. Ihr begebt euch nicht dorthin, wo ihr euer wahres Leben führen könnt - zu Gott, in das Reich Gottes. Wir gehören zu ihm! Es heißt: „Eure Seele trägt das Siegel Gottes. Sie gehört Gott, also gebt sie ihm!" Das ist die Lösung des Problems. Ihr habt dieselbe Lebensgrundlage wie Gott, und ihr gehört zu ihm. Er wird euch aufnehmen, und bei ihm seid ihr am rechten Platz untergebracht. Dort werdet ihr nicht fremd oder fehl am Platz sein. Hier jedoch ist keiner wirklich zu Hause. Nirgends werdet ihr hier akzeptiert, und ihr seid auch nicht annehmbar und werdet es auch nie sein. Im Reich Gottes aber gehört euch alles, es ist euer eigenes Zuhause, dort gehört ihr hin, und dort wird es euch gutgehen!

Das war jetzt der letzte Aufruf, die letzte Mitteilung an euch alle. Wenn ihr sie annehmt, ist es schön und gut. Aber auch wenn ihr das nicht tut, werde ich glücklich sein. In Ordnung? *(Schmunzelnd)* Wenn ihr glücklich seid, sollte ich auch glücklich sein. Warum sollte ich mir den Kopf zerbrechen, wenn ihr nichts annehmen wollt? Warum sollte ich mir Sorgen machen? Ich müßte mir nur Vorwürfe machen, wenn ich es euch nicht gesagt und nicht gegeben hätte. Habe ich das getan, hört meine Verantwortung auf.

Habt doch Mitgefühl mit euch selbst, so wie der Meister für euch nur Sympathie und Liebe empfindet! Ihr solltet euch bemühen, mitfühlend mit euch selbst zu sein! Hört auf den Meister! Nehmt ihn an! Habt ihr akzeptiert, was er sagt, dann setzt es auch in die Praxis um. Ihr werdet wunderbare Ergebnisse erzielen - wirklich wunderbare Ergebnisse! Gibt es dennoch Schwierigkeiten, so ist er sofort bereit, euch zu helfen. Wo auch immer Hilfe benötigt wird, ist er zur Stelle, ganz automatisch. Ihr braucht ihn nicht zu rufen, denn er fühlt sich verantwortlich für euch. An diese Verantwortung muß er nicht erinnert werden, er steht immer zu seiner Pflicht und ist immer zur Stelle. Er wird alles Erforderliche tun. Kommt ihr aber nicht aus eurem Haus heraus, kann der Zug am Bahnhof lange auf euch warten. Ihr müßt zumindest euer Haus verlassen und zur Bahnstation gehen! Vielleicht habt ihr keine Fahrkarte, aber das macht nichts. Nehmt nur im Abteil euren Platz ein, auch ohne Fahrausweis! Es gibt jemanden, der für euch bezahlen wird. Ihr werdet nicht aus dem Zug geworfen, sondern an euer Ziel gebracht, denn dieser Zug ist nur euretwegen gekommen - es ist euer Sonderzug!

Genauso sind Gott und sein gesamtes Reich in euch, und dort sind sie auch ausschließlich für euch da, für niemanden sonst. Jeder Mensch hat völlig unabhängig von anderen diese Unterstützung und Hilfe und braucht sie nicht mit anderen zu teilen. Was könnte Gott sonst noch für uns tun?

# Ich bin immer bei dir

*Jesolo, 20.9.1997*
*Morgensatsang*

Wenn euch jemand ein Glas Wasser gibt, sagt ihr danke. Zu dem aber, der das Wasser und auch euch geschaffen hat, sagt ihr nichts. Wir nehmen nichts wahr, was über unser mentales Begriffsvermögen hinausgeht, das sich nur auf die materiellen Beziehungen beschränkt.

Wir gehen zum Markt und kaufen etwas ein, zum Beispiel etwas Obst. Der Preis für dieses Obst setzt sich nur zusammen aus der Arbeit dessen, der den Garten pflegt, und aus den Transport- und Betriebskosten. Aber was ist mit der Vergütung der Kosten desjenigen, der die Früchte gemacht hat? Sie stellen eigentlich den höchsten Wert dar, denn es gibt ja nur diesen einen „Erzeuger", der die Früchte erschafft, niemand sonst kann sie zu einem niedrigeren oder auch höheren Preis herstellen. Wie aber wollt ihr etwas bezahlen, das von Gott geschaffen wurde?

Gott verwendet dafür seine ureigene Substanz, damit sie euch über die Frucht zuteil wird. Ihr Leben, ihr Duft und ihr Geschmack kommen direkt von Gott. Mit dem Wort „Leben" meine ich das Bewußtsein und die Aktivität, die wir brauchen. Für sie benötigen wir die lebendige Nahrung, die ihr Leben noch nicht verloren hat.

Früher, als der Mensch noch nichts über die Vitamine wußte, litten die Seeleute an bestimmten Krankheiten, wenn sie kein frisches Obst und Gemüse zu sich nahmen. Wenn sie dann irgendwann an Land kamen und wieder etwas Frisches aßen, wurden sie gesund. Nicht einmal getrocknete Früchte oder Gemüse konnten diese Mangelerscheinung verhindern.

Was also direkt von Gott kommt, ist wirklich so kostbar wie Gott selbst. Und welchen Preis hat Gott? Er ist unbezahlbar, niemand kann seine Größe ermessen oder mit Geld ausgleichen. Der Mensch konnte keiner seiner Erzeugnisse Bewußtsein und Leben geben. Es gelang ihm wohl, mit irgendeiner Knetmasse die Gestalt einer Blume oder einer anderen Pflanze nachzubilden, die täuschend echt aussieht. Doch ihr könnt beobachten, daß sich zum Beispiel Nachtigall und Hummel von solchen künstlichen Gebilden nicht angezogen fühlen, obwohl diese den echten naturgetreu nachgebildet sind. Sie interessieren sich nämlich weniger für die Gestalt, Farbe und Schönheit der Dinge als für deren Lebendigkeit, die durch das Bewußtsein und jenen Duft entsteht, der sie anlockt.

Die Entwicklung von Technik und Wissenschaft ist wunderbar und auch sinnvoll. Es ist nicht so, daß die Errungenschaften des Menschen nur mit Verachtung gestraft werden sollten. Aber meine Lieben, diese Welt wird als „Tal des Todes" bezeichnet, „wo das Böse mit Leiden herrschen kann", weil wir nur gelernt haben, ausschließlich mit dem materiellen Aspekt der Dinge hier zu arbeiten.

Wir fragen uns nie, wie denn die Blätter entstehen, wer sie konstruiert, oder wer die Blumen macht und zum Blühen bringt, und wer einer Blüte den Duft und die Zartheit und alles verleiht, was ihren Reiz ausmacht. Der Blüte folgt die Frucht, wie aber entsteht diese? Zuerst ist sie noch unreif, hart und im Geschmack bitter, doch nach einiger Zeit wandelt sich das Grün in leuchtende Farben. Damit lockt sie uns an und zeigt uns, daß sie bereit ist, gegessen zu werden. Wir pflücken sie, und sie ist so schmackhaft, so voller Leben, daß wir uns nach dem Genuß dieser Frucht ganz aktiv und lebendig fühlen.

Als Kind habe ich das bei uns zu Hause selbst erlebt. Wenn wir frisches Obst direkt vom Baum pflückten und es gleich aufaßen, dann war es voller Vitalität, Energie und Bewußtsein. Wir hatten keine Lagermöglichkeiten wie Kühlhäuser oder Kühlschränke. Heute hat das Obst lange Lagerzeiten in Kühlschränken oder -häusern hinter sich. Es ist eigentlich nur noch irgendeine Substanz ohne richtigen Geschmack und ohne Vitalität, und diese Kost macht mir nicht den Eindruck, daß sie gesund und wertvoll ist, denn sie ist ohne Leben.

Das Nahrungsmittel als solches hat für uns keine Bedeutung, es ist sozusagen nur ein Trägerstoff. Gott stellt uns zweierlei Substanzen zur Verfügung, die sich in ihrer Vitalität unterscheiden. Auf diese Vitalität, dieses Leben und Bewußtsein kommt es uns an! Darum können wir auch nicht von Erde leben, denn sie ist leblos. Aber wenn wir eine Saat aussäen, nimmt sich diese das Materielle aus der Erde, das Leben aber erhält sie von Gott.

Ich beobachte, daß Menschen, die nicht spirituell orientiert, sondern nur weltlich ausgerichtet sind, meistens mehr dazu neigen, tote Nahrung zu sich zu nehmen. Denn das Gemüt zieht uns immer in Richtung Zerstörung, wo wir leiden und sterben müssen, wo wir sehr schwach und praktisch bedeutungslos sind. Dann sind wir abhängig von Arzneien, Autos, Bussen und anderen Fahrzeugen oder Maschinen, weil wir weder über die Fähigkeit noch die Stärke verfügen, aus uns selbst heraus zu leben. Natürlich sind wir auf alle unsere Erfindungen stolz, aber gleichzeitig sind wir ihre Sklaven, denn wir haben uns davon abhängig gemacht. Wenn eines davon ausfällt oder kaputtgeht, stecken wir in der Klemme. Doch manchmal glauben wir, daß wir mit all diesen Erfindungen wirklich unsere Leistungsfähigkeit gesteigert haben. Sicherlich, wir haben die Leistung des physischen Körpers verbessert, denn dieser besteht nur aus toter Materie und kann selbst nichts tun.

Sobald wir aber aus dem physischen Körper herauskommen, besitzen wir wunderbare Fähigkeiten und Möglichkeiten. Ich kenne einen Mann in Indien, dem ein Geist zu Diensten stand. Geister sind körperlose Wesenheiten, sie sind Astralkörper, die keinen physischen Körper haben. Dieser Astralkörper, dieser Geist, diente ihm also, indem er sich beispielsweise innerhalb von fünf Minuten von Indien nach Europa, Amerika oder Afrika begab, dort irgendeinen Auftrag ausführte und wieder zurückkehrte.

In alter Zeit gab es solche Dinge sehr häufig, vor allem in Indien oder den Ländern Arabiens und Tibets, wo die Menschen Zugang zu astralen oder kausalen Körpern hatten. Jetzt findet man so etwas nur noch selten. Dieser Mann wurde initiiert, und sein „dienstbarer Geist“, der unter seiner Kontrolle stand, wurde vertrieben, denn in Gottes System widerspricht es jedem Gesetz, andere Kräfte als die unseres eigenen physischen Körpers zu benutzen. Auch wenn man durch einen anderen physischen Körper Dienstleistungen erhält, muß man dafür bezahlen.

Es ist also immer empfehlenswert, daß ihr für euch selbst arbeitet und wenn möglich anderen einfach im Namen Gottes dient. Nehmt ihr aber den Dienst eines anderen an, wird euer Konto hoch belastet. Wenn ihr gar irgendwelche astralen oder kausalen Körper benutzt, kommen euch deren Dienste wirklich teuer zu stehen. Auch wenn sie sehr effektiv arbeiten und im Vergleich zum physischen Körper Wunder wirken können, sind sie zu kostspielig für uns. Es gibt auch Leute, die Götter, Göttinnen und Engel anbeten und sie um Hilfe bitten. Das ist ebenfalls nicht erlaubt, denn keiner dieser Dienste ist frei erhältlich, sondern sie sind mit sehr hohen Kosten verbunden, deren Bezahlung euch sehr schwerfallen wird.

Gott aber sagt: „Ich bin doch für euch da. Gibt es denn irgend etwas, das besser ist als ich?" Aus der Zeit meines „Großmeisters" Baba Sawan Singh gibt es ein Beispiel. Baba Sawan Singh hatte einen sehr aufrichtigen Schüler, den ich auch kannte, da er manchmal zu mir kam. Er leitete auch Satsangs. Vor seiner Initiation hatte er zu irgendwelchen Engelskräften Zugang gehabt.

Nebenbei gesagt, er war leicht aufbrausend, stritt gern mit den Leuten und wurde schnell ausfallend. Wenn er dann nach Hause kam, rief er diese Engelskräfte an und befahl ihnen, die Leute, denen er feindlich gesinnt war, zu belästigen. Am nächsten Morgen kamen seine „Opfer" dann angelaufen und baten um Vergebung: „Bitte befreie uns davon, denn wir haben große Schwierigkeiten."

Eine Zeitlang bediente er sich also dieser Kräfte, doch nachdem er initiiert worden war, kamen sie nicht mehr, wenn er nach ihnen rief. Da war er ganz betrübt: „Ich bin doch zu einem Meister gegangen, um einen Vorteil zu haben, aber statt dessen habe ich das, was ich schon besaß, auch noch verloren." Wieder rief er jene Kräfte, und da veranlaßte der Meister ihr Erscheinen. Doch auch der Meister selbst erschien und stellte sich zwischen jene Wesen und den Initiierten. Er wandte sich ihnen zu und wies sie zornig zurecht: „Habe ich euch nicht gesagt, daß ihr nichts mehr mit ihm zu tun habt, nachdem ich ihn angenommen habe?”

Und er warnte sie, daß sie sehr hart bestraft werden würden, sollten sie sich nicht an diese Anweisung halten. Als der Initiierte sah, wie heftig diese Kräfte angefahren wurden, zitterte er und dachte: „Jetzt muß ich mich auch auf etwas gefaßt machen!“

Die Wesenheiten wurden also vertrieben. Sie hatten versprochen, daß sie sich, solange sie existierten, diesem Mann nicht mehr nähern würden. Zu seinen Schülern, die meistens unwissend sind, ist der Meister jedoch im allgemeinen sehr, sehr liebevoll und großzügig. Baba Sawan Singh drehte sich also um und blickte seinem Schüler in die Augen:

„Mein Lieber, was bekommst du denn nicht von mir, daß du dich an sie wenden mußt? Sag mir, gibt es etwas, was ich dir nicht erfüllen kann, so daß du auf ihre Hilfe angewiesen bist? Weißt du denn nicht, daß ich selbst alle diese Dinge geschaffen habe? Ich bin der Schöpfer, ich versorge auch sie mit allem. Selbst wenn die Menschen dieser Welt etwas von solchen Mächten erbitten, müssen diese erst mich darum bitten und es von mir erhalten, bevor sie es an die Menschen weitergeben können. Warum erbittet ihr es denn nicht direkt von mir? Weil ihr das nicht tut, bringen diese astralen oder kausalen Wesen ihre besondere Bedeutung ins Spiel, obwohl sie für euch in Wirklichkeit bedeutungslos sind und ihr nur durch sie karmisch unnötig belastet werdet. Verlaß dich also niemals auf sie! Ich bin immer bei dir. Bitte um alles, was du willst, es wird dir gegeben werden!" Der Meister fuhr fort und bekräftigte: "Alle meine Gaben und die Beziehung zu mir sind kostenlos, nie werdet ihr eine Rechnung dafür erhalten! Ich gebe verschwenderisch und stelle keine Bedingung. Das einzige, was ich benötige, sind Leute, die darum bitten. Es gibt aber auch Dinge, die ich jenen Kräften nicht verleihe, weil sie nur von mir weitergegeben werden dürfen. Ich habe die Macht, jedem alles zu vergeben. Jene Mächte aber unterliegen selbst dem karmischen Gesetz; sie stehen nicht darüber und haben auch darunter zu leiden. Wie können sie daher denen, die ihnen nachfolgen und sie verehren, helfen, vom Gesetz des Karmas freizuwerden? Sie leben selbst im Reich des Bösen und sind Tod und Veränderung unterworfen und auch allen Leiden, Schmerzen und Krankheiten ausgesetzt. Euch gegenüber brüsten sie sich jedoch, sie seien großartig und könnten euch in jeder Hinsicht helfen, aber das sind nur falsche Behauptungen."

In Indien gab es einen ayurvedischen Arzt. Er bezeichnete sich als Spezialist für Leber- und Gallenerkrankungen, besonders für Hepatitis. Hepatitis kann man auch durch den Genuß von zu schwerem und zu fettem Essen bekommen. Einige unserer Besucher aus dem Ausland bekamen ebenfalls Hepatitis. Ich brachte sie zu diesem Arzt, und er konnte ihnen tatsächlich helfen. Später kam ich einmal zufällig in seiner Gegend vorbei, und da ich meinen Freund gern wiedersehen wollte, ging ich in seine Praxis. Er war nicht da, sondern nur sein Sohn, und so fragte ich diesen: „Wo ist dein Vater?" Der Sohn erwiderte: „Er ist an Hepatitis gestorben."

Das ist also das Schicksal jener Menschen: Sie selbst sterben an den Krankheiten, für die sie uns Linderung versprechen. Aber wenn wir den „wahren Arzt" nicht finden, müssen wir zu jemandem gehen, der Mediziner ist und uns zumindest ein wenig zu beruhigen vermag. Doch nur Gott allein kann uns von allen Schmerzen, Sorgen und Leiden, von Krankheit und Tod befreien. Niemand sonst kann diese Arbeit Gottes übernehmen, nur er ist dazu in der Lage. Wenn wir also von Leid und Schmerz befreit werden wollen, müssen wir uns direkt an Gott wenden.

Eigentlich brauchen wir ja gar nicht zu ihm zu gehen, denn er ist bereits hier *(der Meister zeigt auf seine Stirnmitte)* und wartet auf uns. Er wartet darauf, daß wir uns ihm zuwenden und zulassen, daß er uns hilft. Es ist so, als öffnete man den Wasserhahn: Das Wasser wartet schon darauf, daß irgend jemand den Hahn aufdreht, damit es herausfließen kann. So brauchen auch wir nur die Verbindung mit Gott durch das heilige Licht und den heiligen Ton zu entwickeln, schon fließt uns jede erdenkliche Hilfe von Gott zu, und jede Art von Beistand ist auf der Stelle vorhanden.

Allerdings besteht immer noch die Schwierigkeit, daß sich die Negativkraft zwischen uns und unseren Vater, Gott, stellt. Sie will uns nicht glauben lassen, daß Gott tatsächlich fähig ist, uns von den Schmerzen, Sorgen und Krankheiten zu befreien. Sie redet uns mit Erfolg ein, daß uns ausschließlich Weltliches helfen kann, wie zum Beispiel der Arzt, der Ingenieur, der Geschäftsmann, der Industrielle, die Geschwister oder irgendwelche Einrichtungen.

Wenn trotzdem einige Menschen das große Glück haben, initiiert zu werden und zu meditieren beginnen, empfinden sie es als sinnlos, sie spüren keinen Nutzen. Vielleicht erfahren sie sogar die Verbindung mit Licht und Ton, aber in ihrem weltlichen Leben gibt es weder eine Veränderung noch eine Verbesserung, denn was uns unser Vater, Gott, durch diese heiligen Offenbarungen herabsendet, das wird von der Negativkraft sogleich fortgenommen.

Die heiligen Schriften machen klare Aussagen, die Meister schildern es, und auch ich sage das gleiche, aber praktisch ist es nicht verfügbar. Auf diese Weise konnte die Negativkraft den Menschen den Glauben an den Meister und an Gott wegnehmen, und sie müssen sich auf das verlassen, was ihnen die weltlichen Einrichtungen bieten.

So hatten all diese sehr gefährlichen und trickreichen Aktionen der Negativkraft den Erfolg, daß sie den Menschen von Gott trennten und ihn von nichtigen Dingen abhängig machten. Es ist aber dennoch nicht so, daß Gott machtlos wäre und diese Verbindung mit dem heiligen Licht und dem heiligen Ton keine Wirkung zeigte. Aber wie soll man die Menschen dazu bringen, daß sie daran glauben?

Diese Verbindung den Menschen wieder zugänglich zu machen, das ist die Aufgabe der Meister, und auch ich arbeite daran, indem ich in den Himalajabergen meditiere. Seit April 1992, also seit über fünf Jahren widme ich mich intensiven Meditationen. Doch auch ich konnte bisher den Zustand der Welt noch nicht verändern. Ich leide ebenfalls an Krankheiten, Problemen und Sorgen, genau wie alle anderen. Meine Schüler machen die gleichen Schwierigkeiten und Probleme durch wie die Nichtinitiierten, die keinen Meister haben. Und es ist mir klar, daß es keinen wirklichen Glauben an die Macht Gottes geben kann, bevor nicht den Initiierten, die auf das heilige Licht und den heiligen

Ton meditieren, materiell greifbarer Nutzen zur Verfügung steht.

Wenn die Leute zu einem Arzt gehen und dieser ihnen keine Linderung verschafft, dann werden alle diesen Arzt meiden und jene Ärzte aufsuchen, deren Behandlung erfolgreich ist. Zur Zeit sieht die Sache so aus: Die Negativkraft hat die Fähigkeit, alle Probleme, Schwierigkeiten und Krankheiten zu verschieben und so den Lebewesen hier zeitweise Erleichterung zu verschaffen, für die sie dann jedoch lange Zeit in den Höllen leiden müssen.

Heutzutage nimmt jeder, der ein kleines oder auch ein großes Problem, eine leichte oder eine schwere Krankheit hat, nur weltliche Vorkehrungen in Anspruch, niemand denkt daran, Gott um Hilfe zu bitten. Nicht einmal mir ist es gestattet, meinen Initiierten ausschließlich die Meditation auf Gott als Heilmittel zu empfehlen. Das heißt, ich bin gezwungen, ihnen die weltlichen Ärzte nahezulegen, da ich weiß, daß die weltlichen Mittel wenigstens etwas bewirken, während uns Gottes Hilfe bislang versagt geblieben ist.

Von welchem Nutzen bin ich dann hier auf dieser Erde, wenn ich den Menschen doch nicht von Hilfe bin und sie weiterhin von der Negativkraft gequält, getäuscht und betrogen werden - sogar meine eigenen Kinder? Selbst ich muß weltliche Ärzte aufsuchen, nicht einmal ich kann die unmittelbare „Behandlung" durch die Gotteskraft in Anspruch nehmen.

Doch allmählich ist der „Bauch" der Negativkraft voll, und bald paßt nichts mehr hinein, so daß in Zukunft die Segnungen, die Gott uns in Gestalt von Licht und Ton schickt, nicht mehr von ihr aufgebraucht werden und damit wieder zu uns gelangen können. Sobald das geschieht, werden die Menschen hier beginnen, an den wahren Arzt, die wahre Medizin und das wahre Heilverfahren zu glauben. Dann werden sie erkennen, daß die Aussagen und Zusicherungen, die in den Schriften gemacht werden, wahr sind.

Wie ich sehe, glaubt jetzt niemand an das, was in den Schriften aufgezeichnet ist; und würden die Menschen anfangen, daran zu glauben, so würden sie vernichtet werden, weil das, was versprochen wird, nicht eintritt. So habt ihr in dieser Hinsicht schon recht, daß ihr euch an das haltet, was euch ein wenig von Nutzen ist, mag er auch nur gering sein. Aber schließlich braucht ihr etwas Hilfe, und die sollt ihr auch haben. Doch die Wahrheit wird eines Tages ans Licht kommen, und all diese Scheinhilfen, die gar nicht richtig funktionieren können, müssen dann in sich zusammenbrechen...

Wenn sich auf dem Grundstück eures Nachbarn ein Brunnen befindet, und ihr betet zu Gott: „Lieber Gott, im Haus meines Nachbarn gibt es Wasser, bitte laß es auch bei mir zu Hause fließen!", dann wird Gott antworten: „Grabe doch auch bei dir einen Brunnen!" Wenn wir dies nicht wissen und nicht danach handeln, werden wir auch nichts finden.

Ein Gebet ist zwecklos, solange wir uns nicht nach den Geboten Gottes richten. Das Gebet hat erst seine Berechtigung, wenn alle eure aufrichtigen Bemühungen gescheitert sind und nachdem ihr euer Möglichstes getan habt, die Anweisungen des Meisters zu befolgen. Danach könnt ihr beten: „Bitte, mehr kann ich nicht tun, es liegt jenseits meiner Möglichkeiten." Dann sind Gebete wirklich effektiv.

Die Meister sagen im allgemeinen, daß es gut ist, wenn ihr innen etwas zu sehen oder zu hören vorfindet. Genießt es weiterhin! Aber selbst wenn ihr nichts seht oder hört, solltet ihr mit eurer Pflicht fortfahren, wenigstens etwa drei Stunden täglich der heiligen Verbindung zu widmen. Ihr tut eure Pflicht, und was dabei herauskommt, legt ihr in die Hände Gottes.

Mein Meister erzählte dazu das Beispiel von einem frommen Moslem, der seine Gebete verrichtete. In der Nähe saß ein Heiliger, und dieser ging zu dem Betenden hin und klärte ihn auf: „Deine Gebete sind von Gott nicht erhört worden!“ Zuerst erschrak der Mann ein wenig, doch dann hüpfte und tanzte er vor Freude. Der Heilige wiederholte: „Mein Lieber, hast du nicht verstanden, was ich dir gesagt habe?” Darauf erwiderte der Ergebene: „Ich habe verstanden, daß meine Gebete von Gott nicht erhört worden sind.” - „Warum tanzt du dann und freust dich?” - „Ich freue mich, ich bin glücklich und ich tanze, weil Gott zumindest weiß, daß ich zu ihm gebetet habe. Ich habe die mir zugewiesene Pflicht erfüllt und bin frei! Meine Bitte liegt auf Gottes Tisch. Ob er dazu ja oder nein sagt, ist nun seine Entscheidung. Darüber zerbreche ich mir nicht den Kopf.“

Eure Pflicht besteht darin, eure Meditationszeiten regelmäßig, aufrichtig und in Hingabe an den Meister einzuhalten, ob sie nun Frucht tragen oder nicht. Es gibt Gründe dafür, daß es immer noch sehr schwierig ist und wir noch keine wirkliche Hilfe erhalten.

Meine Lieben, es ist euer großes Glück und - trotz allem muß ich es sagen - es ist das große und wunderbare Werk des Meisters, daß es in diesem Zeitalter Menschen gibt, die mit dem heiligen Licht und Ton Gottes verbunden sind. Dies ist das dunkelste Zeitalter, der schrecklichste Abschnitt des großen Zyklus, den die Welt durchläuft. Gott wurde aus allen Herzen der Menschen in dieser Welt ausgesperrt, und die Negativkraft hat sie gewaltsam auf ihre eigenen Einrichtungen ausgerichtet. Sie hat dafür gesorgt, daß es derzeit keine Möglichkeit gibt, auch nur einen Strahl seines Lichts in irgendein Herz zu senden. Völlige Finsternis herrscht in den Herzen der Menschen.

Die Negativkraft sagt: „Alle, die meditieren oder auch nur einen Gedanken an Gott haben, werden vernichtet. Aber jene, die sich der Welt verschrieben haben und sich auf meine Hilfe verlassen, werden herrschen und genießen. Sie schwelgen in Kaffee, Tee, Coca Cola, Eiscreme und allen möglichen reizvollen Dingen. Sie sollen mit allem Weltlichen gesegnet sein und hier große Bedeutung erlangen. Jene dagegen, die Gott in sich tragen, werden zugrunde gerichtet.“

Unter diesen schrecklichen, von der Negativkraft geschaffenen Umständen gibt es trotzdem immer noch viele Menschen, so wie ihr, die mit Gott und seinem Licht verbunden sind, die leben und den Glanz Gottes ausstrahlen werden, so daß die anderen Menschen auf der Welt ebenfalls glauben, daß da etwas Wunderbares und Herrliches existiert.

Diese gewaltige Kraft Gottes im Meister und das Opfer, das er bringt, werden der gesamten Welt Erlösung bringen. Seid ihr jedoch initiiert, das darf ich euch sagen, dann seid ihr sehr gut, dann seid ihr wundervoll, eben weil ihr verbunden seid. Dennoch sieht die Wirklichkeit noch anders aus. Zur Zeit meines Meisters kam einmal am Ende eines Satsangs jemand zu ihm und berichtete stolz: ”Ich wußte ja gar nichts davon, daß du dich in unserer Stadt aufhalten würdest. Eigentlich war ich nur losgegangen, um in der Stadt, auf dem Markt, Gemüse einzukaufen. Dabei fiel mein Blick auf eine Zeitung, auf der ich dein Foto entdeckte. Ich griff nach ihr und las, daß du hier in unserer Stadt einen Vortrag hältst. Da ließ ich meine Tasche und auch das Gemüse am Stand liegen und lief rasch zum Satsangplatz, denn dein Satsang sollte gleich beginnen." Da lächelte der Meister nur: „Mein Lieber, du bist nicht von dir aus gekommen, sondern du wurdest gerufen!"

Es ist wirklich so! Kann sich euer Herz in diesem Zeitalter, in dem die Negativkraft zu hundert Prozent herrscht, überhaupt noch Gott oder dem Meister zuwenden? Das ist unmöglich. Der Meister ist es, der euch braucht, der sich einer jeden Seele nähert, der an den Herzen der Menschen arbeitet, und innerhalb von ein, zwei, fünf oder zehn Jahren gelingt es ihm, die Seelen zu Gott zu führen. Alle werden Gott und dem Meister für seine Großherzigkeit danken: „Von den fünf Milliarden Menschen auf der Erde sind wir nur wenige, die so glücklich sind, von dir erwählt worden zu sein." Denn wenn von einer Million zehn Menschen ausgewählt werden, dann sind diese zehn wirklich glücklich zu nennen.

Doch dies ist nicht das Verdienst von uns Ausgewählten, sondern wir haben alles der Güte Gottes zu verdanken. Wenn wir schon durch großes Glück oder durch seine große Barmherzigkeit von ihm angenommen wurden, sollten wir gleichsam in ihn hineinspringen, ohne jemals zurückzuschauen. Manchmal ist die Mutter sehr ärgerlich über das Kind und weist es zurück. Das Kind weint und klammert sich an die Beine der Mutter, aber sie stößt es erneut weg. Und doch versucht es das Kind immer wieder, denn es weiß: „Es gibt keinen anderen Ort, an den ich gehen kann. Nur meine Mutter ist immer für mich da, nur sie will meine Mutter sein. Schließlich ist nur sie für mich da, eine Alternative gibt es für mich nicht."

Genauso sollte auch uns klar werden, daß es nichts auf dieser Welt gibt außer diesem Meister, der euch angenommen hat, außer diesem Gott, der euch in seinen heiligen Schoß genommen hat. Nun solltet ihr auf ihn zuschreiten und nur nach ihm Ausschau halten - nichts sonst gibt es auf dieser Welt.

Wer aber möchte euch von Gott ablenken und eure Aufmerksamkeit von ihm abziehen? Euer Gemüt, das voll von Negativem ist! Gott, der euch erwählt, der euch angenommen hat, ändert niemals sein Verhalten. Er wird euch immer festhalten: „Ich werde dich nicht verlassen noch versäumen bis ans Ende der Welt."

Wir haben also etwas Ewiges, etwas Beständiges und Unveränderliches gefunden, und wir sollten uns nun frei von aller Sorge in Gott erfreuen und uns ausruhen, denn ihm können wir wirklich vertrauen, auf ihn können wir bauen!

# Öffnet die Augen der Seele

*Jesolo, 21.9.1997*
*Morgensatsang*
*Auszug*

Es gibt Gott, es gibt das Reich Gottes und allen Frieden, alle Süße, Liebe, Licht, Leben, Wissen und Weisheit! Ihr sollt überall Frieden genießen, ohne Krankheiten, Probleme, Sorgen und ohne Tod. Von einem solch herrlichen Leben und solch wunderbaren Umständen hier können wir nicht einmal träumen.

Dieser Ort ist uns zugänglich, und wenn wir uns dorthin begeben, können wir wirklich alles genießen, was unsere Bedürfnisse befriedigt. Er ist bereits in uns hineingelegt und uns gegeben worden, er existiert für uns in unserem Inneren, so daß wir ihn jederzeit betreten können. Er gehört zu uns, wir haben ein Anrecht auf ihn. Wir haben uns nur noch nicht darauf vorbereitet und uns seiner noch nicht würdig erwiesen. Wir haben so viel Schmutz und Negatives an uns, und Gemüt und Intellekt befinden sich in einem derart schrecklichen Zustand, daß wir noch nicht in jenes große, wundervolle Leben passen.

Aber alles ist dafür vorbereitet, daß eure schmutzige Kleidung gewaschen werden kann. Seife ist da, Wasser ist da, und ihr wißt, wie sie anzuwenden sind. Seid ihr nicht dazu in der Lage, ist euer Meister da, um euch zu reinigen.

Das größte Hindernis besteht aber darin, daß wir nicht glauben können, daß es tatsächlich ein höheres Leben gibt, daß es uns auch zugedacht ist, und daß wir uns bemühen sollten, es zu genießen. Weshalb sollten wir hier leiden? Meine Lieben, wir müssen einfach mit etwas beginnen, und andere werden dann auf uns schauen, wenn wir tatsächlich ein sehr viel besseres Leben führen als sie. Wenn sie leiden und sehen, daß es uns gutgeht, werden sie versuchen, dieselbe Lebensweise anzunehmen.

Vor dem Zweiten Weltkrieg besaßen nur wenige Leute in Indien eine Schulbildung. Es bestand kein Bedürfnis danach und auch nicht danach, die Kinder zur Schule zu schicken, damit sie etwas lernen. Sprach man die Eltern darauf an, wollten sie nichts davon wissen. Sie meinten: „Das ist nutzlos. Unsere Kinder brauchen nicht fortgeschickt zu werden, sie sollen ihre Arbeit daheim tun!“

Doch im Zweiten Weltkrieg wurden die indischen Analphabeten in die Armee eingezogen und in verschiedene europäische Länder geschickt. Sie lernten das Leben der Menschen dort kennen und erkannten, daß der Unterschied zu ihnen hauptsächlich darin lag, daß die anderen gute Kenntnisse, Klugheit und Bildung besaßen - eine Ausbildung, die sie nicht erhalten hatten. Sie konnten nun beide Seiten vergleichen: einerseits die Ungebildeten, die nichts verstanden und nichts gelernt hatten, und andrerseits diejenigen mit Schulbildung, die sich gut auskannten und die gebildet waren. Da entschlossen sie sich, ihre Kinder in die Schule zu schikken, damit sie eine ordentliche Ausbildung und mehr Kenntnisse erhielten und so mehr Ansehen und ein angenehmeres Leben genießen konnten.

Nach dem Zweiten Weltkrieg begann also ein neuer Abschnitt in der indischen Bildungsgeschichte, und jetzt könnt ihr kaum noch jemanden ohne Schulbildung finden. Bei Gott und im Reich Gottes aber gibt es eine ganz andere Art von Schulung, und hier ist jeder weltlich Kluge von der großen Weisheit, die von Gott stammt, ausgeschlossen. Das wird mit dem Satz erklärt: „Nur als Kinder könnt ihr das Reich Gottes betreten, nicht mit eurer Klugheit.“ Auch weltlicher Besitz kann keinen Zugang schaffen: „Leichter geht ein Kamel durch ein Nadelöhr, als daß ein Reicher in das Reich Gottes kommt.“

Es ist wie bei einem Esel. Kaum wird er hinausgelassen, wälzt er sich auf dem Boden in Schlamm und Staub und kommt sich sehr schön und wunderbar vor, von Reinheit aber ahnt er nichts. So meinen auch wir, daß das Wissen, das aus dem Reich des Bösen, von der Negativen Kraft stammt, ganz wunderbar sei, und daß unser Wohlstand aus diesem Tal des Todes und all unser Besitz, der ebenfalls zum Tal des Todes zählt, tatsächlich sehr nützlich seien.

Wenn also dieser Esel wirkliche Reinheit und Sauberkeit kennenlernen soll, muß er von allem Schmutz, Dreck und Schlamm gereinigt werden. Dann kann er an einen sauberen Ort gebracht werden, wo er diesen Zustand genießen kann. Für das Reich Gottes ist also unser Körper nicht annehmbar. "Fleisch und Blut können das Reich Gottes nicht ererben.“

Wahres Wissen kommt von Gott. Gott gibt es euch ein, und damit werdet ihr in der Lage sein, alles zu bewirken. Auch ihr könnt Sonne, Mond und Sterne, Bäume oder Pflanzen schaffen, wie Gott sie geschaffen hat. Mit dem Wissen und der Weisheit, die von Gott stammen, können sich weltliches Wissen und weltliche Weisheit nicht messen. Auch der Reichtum im Reich Gottes ist ein anderer, er ist nicht von dieser Welt. Er ist ein

Strom, der von Gott kommt und alles mit sich bringt, was ihr braucht.

Wenn ihr auf dieser Welt Geld in der Tasche habt, dann bekommt ihr manchmal etwas dafür und manchmal auch nicht. Gehört aber der ganze Markt euch, braucht ihr bei eurem Gang in die Stadt überhaupt kein Geld in der Tasche zu haben. Ihr braucht für nichts zu bezahlen, sondern nur alles entgegenzunehmen, was immer ihr wollt. Das ist deshalb so, weil dies alles zum Reich eures Vaters, Gottes, gehört. Ihr könnt alles darin haben, gleich aus welcher Art von Materie es besteht. Das ist der Reichtum jener Welt, die nicht mit dieser hier verglichen werden kann. Ihr müßt kein Geld bei euch haben, müßt niemanden bezahlen und von niemandem etwas ausleihen. Ihr müßt keine Arbeit und keine Dienste verrichten, um Geld zu verdienen. Ihr braucht euch nur an euren Vater, Gott, zu wenden und bekommt alles, es ist bereits da.

Nun, meine Lieben, gibt es denn jemanden, der als „Mensch" bezeichnet werden kann? Ich sehne mich wirklich danach, einen Menschen zu finden, der so vollkommen ist, wie Gott ihn geschaffen hat. Was seid ihr denn zur Zeit? Ihr ähnelt dem Palast eines großen Kaisers, dessen Türen alle verschlossen sind - bis auf eine, die Toilettentür, hinter der man nur Fliegen, Moskitos, Schlangen und Skorpione findet. Darauf sind wir sehr stolz. Aus dem Mund fließt Speichel, aus der Nase Schleim und auch die Augen sondern etwas ab. Sämtliche Körperporen werden schmutzig, so daß ihr den Körper jeden Tag reinigen müßt, andernfalls fängt er an, so schlecht zu riechen, daß ihr euch selber verabscheut. Die beiden unteren Ausscheidungsorgane sind euch ja bestens bekannt, über sie brauche ich nichts zu sagen.

Worauf seid ihr nun stolz? Worin liegt die Schönheit und Herrlichkeit eures Körpers? In Wirklichkeit beginnt euer Palast, eure wahre Wohnstatt im Reich Gottes, die euch gehört, hier oben am Augenbrennpunkt.

Könnt ihr jemanden einen König nennen, dem alle Türen seines Palastes verschlossen sind und dem nur das Badezimmer und die Toilette offenstehen? Kann jemand als Mensch bezeichnet werden, dem alle Türen, die zu seinem Eigentum, zu seiner eigenen Größe, zu Gott und dem Reich Gottes führen, restlos verschlossen sind und der nur den menschlichen Körper und diese Erde voller Staub und Schmutz benutzen darf? Wir haben nur den Teil unseres Körpers in Besitz genommen, den auch die Tiere haben. Auch sie haben Augen, Ohren, einen Mund, eine Nase, ein Ausscheidungssystem und andere Organe. Auch ihr Körper besteht aus Fleisch, Blut und Knochen. Sie werden auf gleiche Weise geboren, leben ebenfalls ein Leben des Körpers und sterben wieder, um in die Erde zurückzukehren. Worin liegt der Unterschied? Das haben wir noch nicht herausgefunden.

Der Mensch besitzt nämlich Gott, das Reich Gottes und sich selbst als Seele. Hätten wir also die Dinge erreicht, die uns Ehre machen, und als Seele Gott und sein Reich gefunden, hätten wir uns auch das Recht erworben, „Mensch" genannt zu werden. Statt dessen sind wir wie Tiere. Die Tiere wurden zweifellos von Gott als Tiere erschaffen, und für sie ist es so in Ordnung, etwas anderes ist für sie nicht vorgesehen. Doch wenn der Mensch mit Gott, dem Reich Gottes und auch mit dem Leben als Seele beschenkt wurde, aber immer noch wie ein Tier in dieser Welt leidet, hat er sich damit ein großes Unglück heraufbeschworen. Weil aber alle Menschen die gleiche Art von Dasein führen, haben wir nicht das Gefühl, daß es noch ein anderes, höheres Leben gibt und daß wir versuchen sollten, es zu genießen. In der Bibel und anderen Schriften heißt es: „Sucht zuerst das Reich Gottes." Doch wir kennen niemanden, der das Reich Gottes gefunden hat. Und es heißt auch: „Seht das Heiligtum Gottes unter den Menschen. Und er wird bei ihnen wohnen und sie bei ihm, und er wird ihr Gott sein, und er wird abwischen all ihre Tränen. Dann wird es keine Sorgen, keine Schmerzen, keine Leiden und keinen Tod mehr geben."

Doch diese Sache hat hier nicht funktioniert. Unter einer Weltbevölkerung von fünf Milliarden Menschen werdet ihr, obwohl jeder die Voraussetzungen dazu erhalten hat, nicht einen einzigen solchen Menschen finden, der vollkommen ist. Es stehen auch noch andere Dinge geschrieben: „Seid vollkommen!" Aber ihr werdet niemanden finden. Es gibt kein praktisches, lebendiges Beispiel dafür. Und wofür es kein Beispiel gibt, das halten wir nicht für glaubwürdig oder meinen, es sei unmöglich. Eigentlich ist es ja vorhanden. Doch niemand wird es wagen, sich von der Masse zu trennen und allein eine andere Straße zu beschreiten.

Im allgemeinen schließen sich die Leute der Menge an - wo viele hingehen, folgen andere ihnen nach. Wenn ihr deren Anführer an der Spitze fragt, wohin er denn geht, wird er sagen: „Ich gehe zur Hölle." Er geht absichtlich in die Hölle, und die anderen laufen ihm bloß nach. Und sie freuen sich: „Wir gehen alle zusammen." Das ist genau unsere Lebensweise. Doch der Meister sagt: „Ob du allein bist oder unter fünf Milliarden, du mußt dem Weg des Lebens folgen! Du wirst diesen Weg und auch das Leben finden, auch wenn du ganz allein bist.“ Öffnet also die Augen eurer Seele und blickt euch um, und dann macht weiter, folgt nicht der Masse der weltlich orientierten Menschen!

Das war der Grund, warum ich es für notwendig hielt, Menschen intensiv vorzubereiten, so daß sie tatsächlich gottverwirklicht und vollkommen werden, das Reich Gottes finden, eins mit Gott werden und von allen Schmerzen, Leiden, Sorgen und Krankheiten befreit sind. Es mag noch eine Weile dauern, seien es ein, zwei, drei, vier oder fünf Jahre, doch wir werden das Ziel erreichen und in der Lage sein, das, was in der Bibel und anderen Schriften steht, wahr werden zu lassen. Das Reich Gottes ist Realität! Es gibt Gott und es gibt die Vollkommenheit Gottes...

Meine Lieben, die Leute machen schreckliche Dinge. Wenn irgend jemand den Mount Everest bestiegen hat, dann machen es ihm viele gleich nach. Einige sind zum Mond geflogen, und viele andere folgten nach. Was konnten sie finden? Nichts, absolut nichts. Für absolut nichts arbeiten wir so hart, so schwer, weil wir ein Gemüt mit einem Ego besitzen. Hast du das getan, will ich es ebenfalls tun! Selbst wenn von zwei- oder dreitausend Bergsteigern, die versucht haben, den Mount Everest zu besteigen, fast alle dabei umgekommen sind und vielleicht nur vier oder fünf das Unternehmen lebend überstanden haben, werden die nachfolgenden den Tod nicht fürchten, sondern denken: „Mein Name wird in die Bücher eingehen, und es wird heißen, daß ich den Mount Everest bezwungen habe.“

Wenn ich euch aber höflich bitte: „Versucht doch, hier zum Augenzentrum heraufzusteigen!“, dann sagt ihr: „Das ist so schwer. Das ist ja höher als der Mount Everest und noch viel gefährlicher. So viele sind schon gestorben, während sie dort hinaufstiegen.“ *(Der Meister lacht.)*

Nun, meine Lieben, ihr habt einen guten Meister, weil auch ich einen guten Meister fand. Und weil ihr jetzt einen guten Meister habt, werdet ihr ebenfalls so werden wie er. Ich werde euch zu dem machen, was ich selbst bin. Das sind meine kostenlosen Dienste für euch alle. Bemüht euch also, alle Hilfe steht euch zur Verfügung. Auch wenn es euch ein wenig schwerfällt, dies vom Gemüt her zu akzeptieren, es ist doch so, und es funktioniert! Die Welt wird euch dann folgen, und nicht ihr der Welt.

# Warum ich gekommen bin

*Jesolo, 24.9.97*
*Morgensatsang*
*Auszug*

Zweifellos herrscht jetzt Nacht. Man kann sagen, die Negativkraft regiert. Nachts bringt der Vater in der Dunkelheit alles in Fülle in euer Haus, aber ihr merkt es nicht, weil es finster ist und ihr nichts sehen könnt. Bricht der Tag wieder an und ihr öffnet die Augen, wundert ihr euch: „In meinem Haus ist doch alles vorhanden, warum leide ich denn?" Alles wurde auf die wunderbarste Weise in den oberen Teil unseres physischen Körpers hineingegeben. Auch in der Bibel heißt es: „Wenn dein Auge klar ist, wird dein ganzer Leib licht sein."

Was ist mit „ganzer Leib" gemeint? Nicht der physische Körper, denn er ist sozusagen nur der Schuh, den wir tragen. Unser eigenes Selbst beginnt hier am Sitz der Seele, dem Augenzentrum, es dehnt sich in die gesamte Schöpfung Gottes aus. Das ist unser wahrer Leib, er ist grenzenlos.

Niemand kann sich vorstellen, wie groß wir sind. Er wird ganz erleuchtet werden, ebenso wie alles, was sich darin befindet, so daß wir alles wahrnehmen und sehen können. Vorher konnten wir nur die Augen nicht öffnen, aber wäre es uns möglich gewesen, hätten wir doch nur Dunkelheit gesehen. Nun aber ist die Finsternis vorüber, und unsere Augen sind geöffnet. Jetzt können wir alles benutzen und genießen, was vorher auch schon da war.

Gott hat uns als großes Geschenk den Meister gesandt, ja er selbst ist herabgekommen in den Körper eines Menschen, der dafür vorbereitet wurde. In allen Schriften heißt es: „Wie er sprach durch den Mund seiner heiligen Propheten seit Anbeginn der Welt." Nicht der Lautsprecher hier spricht, er dient nur als Sprachrohr, um euch meine Botschaft zu übermitteln. Ähnlich kann auch Gott in jemandem sprechen, während wir glauben, der Mund würde reden. Der Körper dieses Menschen wird nur benutzt, was er aber spricht, stammt nicht aus seinem Gemüt oder Intellekt. Gott spricht, und wir hören die Stimme Gottes, die aus der Kehle dieses Menschen erklingt und die wir mit unseren Ohren wahrnehmen können. Aber was wir mit den Ohren hören, ist nicht alles, denn siebzig Prozent des Gesagten fließt direkt von Herz zu Herz.

Manchmal macht ihr es ja genauso. Wenn ihr mit einem Freund sprecht, sprecht ihr nicht nur mit den Lippen, sondern auch mit den Augen. Es gibt Gefühle, die der Mund nicht ausdrücken kann und für die eure Augen ein besserer Kanal sind. Manchmal seid ihr zornig, doch ihr haltet euren Mund. Aus euren Augen aber funkeln rote Ungeheuer. An euren Augen erkennt man, wie wütend ihr seid. Wenn ihr jemanden sehr gern habt, bringt ihr kein Wort heraus, während aus euren Augen die Liebe eures Herzens strahlt; der andere wird spüren, daß eure Liebe sein Herz berührt.

So teilt auch der Meister sehr wenig durch die Sprache mit, die ja erst über Ohren, Gemüt und Intellekt geht, bevor ein Teil davon das Herz erreicht. Dann ist der Inhalt möglicherweise vom Gemüt bereits verdreht worden. Was jedoch direkt von Herz zu Herz fließt, das prägt sich für immer ein, und das ist die Botschaft Gottes. Was durch einen kompetenten Meister zu euch kommt, das spricht Gott zu euch. Gott blickt euch an, Gott geht mit euch, Gott führt euch, und Gott sagt: „Ich bin zu dir gekommen, ich habe dich angenommen, und ich werde bei dir sein: 'Ich werde dich weder verlassen noch versäumen bis ans Ende der Welt.'"

Auch wenn der Körper des Meisters nicht von Dauer ist - der Meister kann ihn jederzeit verlassen -, so wird sein inneres Selbst, das auch Gottes Selbst ist, immer bei euch sein.

Ihr tragt die Schale einer Orange nur mit euch herum, solange ihr den Saft nicht ausgepreßt habt. Sobald ihr das getan habt, werft ihr alles, was nur äußere Hülle war, fort. Der Körper des Menschen ist nur ein Gefäß für Gott, den wundervollen Gott. Doch euer Körper hier ist auch ein Behältnis für ganz wundervolle Teufel! *(Lachend)* Also gut, ihr seid auch wertvoll. Hierin liegt der Unterschied zwischen dem Körper des Meisters und eurem Körper. Zu Beginn barg auch sein Körper Teufel und Gott in sich. Aber nachdem er von seinem Meister eingeweiht worden war, befindet sich nur noch Gott in ihm. Auch ihr wurdet von dem Meister eingeweiht, doch ihr konntet die Teufel bisher noch nicht verjagen. Ihr konntet das Licht in euch noch nicht so hell machen, daß die Finsternis ganz vertrieben wurde.

Mit hundertprozentiger Sicherheit werdet ihr, wenn ihr den Anweisungen des Meisters nachkommt, zu dem werden, was er ist. Es ist doch nur selbstverständlich, daß alles in eurem Haus unter eurer Kontrolle stehen sollte, euch zugänglich und bekannt sein sollte, damit ihr das, was für euch da ist, auch benutzen könnt, wann immer ihr zu Hause seid. Einschränkungen eurer Autorität solltet ihr nicht hinnehmen! Jetzt seid ihr, nur um zu überleben, noch gezwungen, irgendwo draußen umherzulaufen und hart zu arbeiten. Ihr habt noch keinen Zugang zu euren riesigen, wunderbaren Schätzen und könnt noch nicht darüber verfügen.

Meine Sorge und mein Problem bestehen darin, daß ihr mir zuhört, ohne euch zu bemühen, mich zu verstehen und euch an die Anweisungen des Meisters zu halten. Deshalb habt ihr auch nichts davon. Als ich meinen Meister gehört und verstanden hatte, folgte ich seinen Anweisungen und erfuhr, was er mir versprochen hatte. Auch jetzt meditiere ich im Himalaja zu dem Zweck, einiges oder auch sehr vieles von Gott für euch zu erwerben, für euch, die ihr nur schlaft und faul und träge seid. Aber ihr seid nur untätig, wenn es darum geht, etwas Gutes zu erringen, und lauft Tag und Nacht gefährlichen Dingen hinterher, so schnell euch die Beine tragen. Und wenn ihr zu Fuß nicht schnell genug seid, benutzt ihr Autos, Busse, Züge, und rast und hetzt. Doch wozu? Am Ende sind eure Hände und Taschen leer. Nichts bleibt euch. Dies ist das schreckliche Spiel des Negativen, und daher solltet ihr dem Meister folgen.

In der jetzigen Zeit läuft euch der Meister hinterher - mit all seinen Gaben, all seinen Segnungen und all seinen Botschaften, die er von Gott erhalten hat. In früheren Zeiten war dies nicht üblich. Die Meister unternahmen niemals Reisen. Man konnte sie an bestimmten Orten treffen, und die Suchenden, die sich nach diesem Gottesgeschenk sehnten, mußten den Aufenthaltsort des Meisters selbst ausfindig machen und ihn aufsuchen. Vielleicht kennt ihr die Lebensgeschichte von Shiv Dayal von Agra. Er ging nie auf Reisen. Sein ganzes Leben lang hielt er Satsang in seinem eigenen kleinen Haus in Agra. Nur etwa 300 oder 400 Menschen konnten ihn erleben. Die Initiierten damals mußten viel auf sich nehmen, um ihrem Meister zu begegnen, denn Gott hatte es in jener Zeit nicht vorgesehen, daß die Meister ihren Schülern nachlaufen.

Die Gegenwart ist diesbezüglich eine wunderbare, von der Gotteskraft gesegnete Zeit. Ihr braucht weder Haus noch Familie oder den Arbeitsplatz zu verlassen, da der Meister zu euch kommt. Trotzdem erhalte ich Briefe von einigen von euch, in denen steht: „Du hast deine Tour in eine Zeit gelegt, in der wir keinen Urlaub haben." Wird Gott euch denn nur in einer Zeit zu sich holen, in der ihr gerade Ferien habt? Ja, er wird sich auch um euren Urlaub kümmern und euch einfach abholen! Also, meine Lieben, wenn ihr zum Meister kommen wollt, macht euch keine Sorgen darüber, ob ihr Urlaub bekommt oder nicht.

Warum läuft Gott euch nach? Weil er euch wirklich liebt und es nicht mitansehen kann, wie ihr leidet. Ich habe mein Haus, meine Familie und besitze genügend Einkommen aus meiner Pension und Erspartem, von dem ich gut leben kann. Ich werde bald siebzig, und da ist es schon schwierig, diese harte Aufgabe immer zu erfüllen. Aber ich leide nie darunter, ich fühle mich nie erschöpft. Ich habe immer wieder neue Energie, denn ich bin mit der Urquelle aller Energie eins.

Wenn ein Unbekannter zu euch kommt und euch um Essen oder irgend etwas anderes bittet, werdet ihr sagen: „Lassen Sie mich in Ruhe!" oder sogar ein Schild mit „Bitte nicht stören" an die Tür hängen. Ihr möchtet nicht zu unpassender Zeit gestört werden. Und ihr könnt das begründen: „Ich bin zu erschöpft. Ich habe den ganzen Tag gearbeitet und brauche Ruhe." Bringt man jedoch euer Kind nach Hause und ist ihm etwas Schlimmes zugestoßen, sagt ihr dann auch: „Laß mich in Ruhe“? Die ganze Nacht und den ganzen Tag werdet ihr auf den Beinen sein, ohne euch erschöpft oder schwach zu fühlen. Ihr habt dann genügend Kraft und den Willen in euch, der euch antreibt: „Ich muß es tun, ich muß es tun!”

So empfindet es auch der Meister. Wenn er sieht, daß alle seine Kinder in einem brennenden Haus sind, muß er in die Flammen springen und jedes einzelne seiner Kinder suchen und aus den Flammen retten. Bevor nicht alle Kinder herausgeholt sind, kann er sich nicht ausruhen oder heimgehen. Wie sieht also das Herz des Meisters aus? Wenn wir nur ein wenig verstehen und spüren, daß da jemand ist, der uns wohlgesinnt ist, der uns Liebe und Hingabe entgegenbringt, dann werden auch wir unsere Verantwortung spüren.

Meine Lieben, wie sehr Gott euch liebt, das könnt ihr durch den Meister erfahren. Ihr werdet ihn auch immer mehr im Inneren finden. Durch seine physische Gegenwart werdet ihr ebenfalls Liebe und Güte erfahren. Sie übt eine Anziehungskraft aus, so daß ihr euch mit dem Meister verbunden fühlt. Erblickt ihr ihn jedoch auf den astralen oder kausalen Ebenen, erfahrt ihr weit mehr von seinem göttlichen Aspekt und seiner göttlichen Beziehung zu euch. Aber erblickt ihr ihn erst in der fünften Ebene, wo er nichts ist als Gott, dann werdet ihr sagen: „Wir haben die Liebe, die Gott uns entgegenbringt, erkannt und sie erfahren. Gott ist Liebe...”

Im Adi Granth und in anderen Schriften steht auch geschrieben, wie sanft, liebevoll, friedvoll und voller Segnungen Gott und der Meister sind. „Ich versuchte, ihn zu erzürnen, ihn zu beleidigen, doch es gelang mir nicht, seine Liebe und seine hingebungsvolle Beziehung zu beeinträchtigen.” Das schlimmste und schroffste Benehmen konnte das Verhalten Gottes uns gegenüber nicht ändern.

„Und als ich nach all meinen Sünden und Verfehlungen zu ihm ging, runzelte er nicht einmal die Stirn, als er mich anschaute, und er erwähnte nicht einmal: 'Liebes Kind, du hast dich schwer versündigt und schreckliche Dinge getan.' Sein Antlitz war voller Liebe, und sein Mund sprach nur: 'Ich liebe dich, ich liebe dich.' Als ich einwarf: 'Ich bin ein großer Sünder, ich bin so schlecht, so schrecklich', da erwiderte Gott: 'Das muß wohl jemand anderer sein, nicht du! Ich liebe dich, ich liebe dich, du bist ich und ich bin du!'“

So verhalten sich Gott und der Meister uns allen gegenüber gleich. Ihr müßt diese Lebensweise erst noch von dem Meister lernen; dann habt ihr das Ziel erreicht und dieses großartige Leben in eurem eigenen Selbst gefunden. Aber meine Lieben, es genügt nicht, mir nur zuzuhören und zu vertrauen! Ihr werdet daran arbeiten müssen, und erst wenn ihr in der Praxis tatsächlich etwas erreicht habt, werdet ihr es glauben. Verschwendet nicht eure Zeit mit weltlichen Beschäftigungen! Verbringt jeden Augenblick, der euch zur Verfügung steht, hier *(der Meister zeigt auf das Dritte Auge)*, das wird euch wirklich hoch angerechnet werden.

# Der Weg nach Hause

*Jesolo, 22.9.1997*
*Morgensatsang*

Okay, meine Lieben, heute sage ich nicht „Guten Morgen" zu euch, denn wenn ihr „gut seid", wird auch euer Morgen gut sein. Es war einmal ein Mann, der an einem sehr abgeschiedenen Ort in einem Wald lebte und noch nie sein Gesicht im Spiegel gesehen hatte. Einmal begab es sich, daß er in die Stadt gehen mußte. Da sah er auf dem Weg einen Spiegel liegen. Er hob ihn auf, sah ihn prüfend an und warf ihn gleich wieder weg. „Kein Wunder, daß man dich weggeworfen hat, häßlich wie du bist." *(Der Meister lacht).* „Niemand kann dich leiden!" Ihr versteht sehr wohl, wer hier häßlich war, nicht der Spiegel, sondern derjenige, der darin zu sehen war.

Es ist schon in Ordnung, meine Lieben, wenn wir unsere „Mittelchen" anwenden. Wir tragen Creme oder Puder auf das Gesicht auf oder ziehen schöne Kleider an und meinen: „Ich bin okay. Ich sehe ganz gut und nett aus." Würdet ihr jedoch unglücklicherweise einmal euer Gemüt zu sehen bekommen, würdet ihr es gleich loswerden wollen, weil es so häßlich ist. Dennoch möchte ich, daß ihr zumindest einen kurzen Blick auf euer Gemüt werft, um festzustellen, wie es aussieht und ob es einen guten Platz verdient.

Wenn ein Mensch den physischen Körper verläßt, bleibt sein Gemüt bestehen. Der wunderschöne, gutaussehende Mensch ist nicht mehr vorhanden, zurück bleibt ein vollkommener Teufel. Dann beginnt das Gemüt, sich selbst zu hassen; es kann sich nicht lieben, weil es nicht annehmbar aussieht. Man muß es geradezu wegwerfen. Aber dieses Schicksal kennen wir hier nicht, und die Negativkraft hat es so eingerichtet, daß ihr euer Gemüt-Selbst nicht zu sehen vermögt. Ihr sollt euch nur mit diesem äußeren physischen Körper abgeben, den ihr so herrichten könnt, daß er einigermaßen erträglich aussieht.

Doch die Meister sagen: „Achtet auf euer Gemüt-Selbst!“ Vom Körper heißt es nur: „Staub bist du, und zu Staub wirst du zurückkehren.” Er mag groß, klein, schwarz, braun oder weiß sein. Es ist nur Lehm in unterschiedlichen Farben. Der Körper hat keinerlei Bedeutung. Wenn ihr eine sehr schöne Statue von einem Pferd, einer Katze, einem Hund, Kamel, Elefanten oder gar von einem Menschen oder von einem Gott oder einer Göttin aus Lehm anfertigt, hat sie immer noch den Wert des Materials, aus dem sie besteht. Die Hülle, die wir erhalten haben, ist vergänglich und nicht von Dauer. Sie ist nicht identisch mit uns. Wir halten uns nur in dieser Körperhülle auf.

Der Körper ist das Haus, in dem Gott, unser Vater, mit seinem Reich wohnt, und wir leben ebenfalls darin. Von dem, was sonst noch in ihm enthalten ist, haben wir nicht die geringste Vorstellung, nicht einmal im Traum. Es gibt Menschen, die behindert sind. Sie haben ihre Beine, ihr Augenlicht oder andere Organe eingebüßt und befinden sich in großer Verzweiflung und in argen Nöten. Hat jedoch euer Hund ein Bein verloren, fehlt euch nichts; ist euer Hund schwach oder alt, seid ihr es noch lange nicht.

Ihr könnt sagen: „Mein Körper hat keine Beine mehr, mein Körper hat das Augenlicht verloren oder mein

Körper ist schwach und alt." Er unterliegt seinen spezifischen Veränderungen und Schwankungen. Doch ihr könnt nie sagen: „Ich bin alt, ich bin schwach, ich bin arm" oder „ich habe etwas verloren" oder „ich möchte etwas." Denn in Wirklichkeit seid ihr selbst vollkommen, weil ihr Seele seid, und sie ist vollkommen.

Als Arjuna, der große Held aus dem sogenannten Mahabharata-Epos, zu Lord Krishna kam, führten sie ein Gespräch miteinander. Arjuna befürchtete, daß angesichts der vielen Krieger, die vorgerückt waren, eine große Schlacht beginnen werde. „Sie werden versuchen, uns umzubringen und wir sie." Daraufhin klärte Lord Krishna als Meister seinen Schüler Arjuna über die Unvergänglichkeit der Seele auf; sie gilt für die gesamte Menschheit, sie ist die allgemeingültige, universale Wahrheit, ob sie nun einem einzigen oder allen Menschen auf der Welt mitgeteilt wird.

Genauso wird auch in der Bibel denjenigen, die sich für einen physischen Körper halten, die Frage gestellt: „Wißt ihr nicht, daß ihr der Tempel des lebendigen Gottes seid und daß der Geist Gottes in euch wohnt?" Das ist eine Frage an euch, die sehr wichtig ist.

Natürlich habt ihr euren physischen Körper und lebt in diesem Tal des Todes, doch dürft ihr nicht meinen: „Ich bin der Körper und ein Bewohner dieses Tals." Denn das zieht euch hinab in die niedrigste, schlechteste und furchtbarste Lage im Tal des Todes, und ihr müßt als Körper leiden. Aber ihr seid auch Gott und beherbergt in euch das Reich Gottes sowie den gesamten Mikrokosmos und Makrokosmos, den sichtbaren und den unsichtbaren. 330 Millionen Engel stehen euch zu Diensten. Ebenso befinden sich die drei Gottheiten, der Schöpfer, der Erhalter und der Zerstörer, in euch, die mit unserem physischen Körper verglichen zweifellos unendlich mächtig sind. Sie stehen unter eurer Kontrolle.

Der Platz des Königs, sein Thron, steht leer, und der gesamte Hofstaat, alle Generäle, Offiziere, Minister und Beamte harren seiner Befehle. In gleicher Weise wartet auch euer verwaister Thron auf euch. Alle euch innewohnenden Kräfte warten darauf, daß ihr kommt, euren Platz einnehmt und ihnen Befehle erteilt, so daß sie in der Lage sind, das zu tun, wofür sie bestimmt sind.

Der Befehl oder das Gebot: „Seid vollkommen, wie euer Vater im Himmel vollkommen ist!“ gilt nicht nur für einen besonderen Mann oder eine besondere Frau aus einem bestimmten Land oder für eine bestimmte Rasse oder für Menschen von bestimmter Hautfarbe. Es gilt für jeden einzelnen dieser Weltbevölkerung von fünf Milliarden Menschen. Diese Aufforderung steht nicht nur in der Bibel, sondern in sämtlichen Schriften und wurde von allen Meistern, die die Größe des Menschen erkannt haben, ausgesprochen.

Die indische Geschichte enthält zahlreiche, ausführliche Einzelheiten und sehr gute Informationen darüber. Sie enthüllt, daß alle Menschen Gott finden konnten, ob sie nun aus der obersten Klasse, der Priesterklasse, stammten oder der niedrigsten, deren Angehörige sogar heute noch als Unberührbare bezeichnet werden. Weder für Reiche noch für Arme, weder für Gebildete noch für Ungebildete, weder für Schwache noch für Starke bestanden Schwierigkeiten; jeder, der wollte, erhielt Hilfe und erreichte sein Ziel.

Tatsächlich ist alles im physischen Körper vorhanden, und das entspricht auch den Informationen, die uns gegeben wurden. Der Körper enthält sowohl etwas Irdisches von dieser Erde und auch etwas von der höchsten Ebene, aus dem Reich Gottes, und außerdem etwas von allen dazwischenliegenden Regionen. Alles ist vorrätig und zwar nicht nur in dem Umfang, daß es euer physisches Leben erhalten kann, sondern in so großen Mengen, daß ihr davon euren Freunden, Verwandten, ja allen Menschen dieser Welt davon geben könnt, ohne daß der Vorrat weniger wird.

Ich stelle nicht die Notwendigkeit in Frage, daß ihr in eurem Beruf, in Firmen, Büros oder Geschäften arbeiten müßt, um Geld für euren Lebensunterhalt zu verdienen; doch solltet ihr Antwort auf folgende Fragen finden: Was sucht ihr? Wofür arbeitet ihr in dieser Welt? Wofür denn? Hier ist das Tal des Todes, wo es nichts gibt! Die Menschen unternahmen riesige Anstrengungen, um zum Mond zu fliegen, doch fanden sie dort nur Staub, von dem sie einige Tüten mitbrachten.

Geht man in die freie Natur hinaus, findet man vielleicht einen Apfel, ein paar Weintrauben oder irgend etwas anderes, das wenigstens einen Wert hat. Wenn ihr allerdings eure Zeit dort draußen am Strand von Jesolo vergeudet, werdet ihr nur müde, erschöpft, hungrig und durstig zurückkehren. Geht ihr jedoch nach innen, werden die Dinge, auch wenn ihr nach nichts Ausschau haltet, automatisch zu euch kommen, denn sie warten dort bereits.

In den Schriften wird es so beschrieben: „Als ich zu Gott kam, war ich so verzaubert, daß ich diesen Ozean, dieses grenzenlose und endlose Meer unmöglich wieder verlassen konnte." Das ist die reine, hundertprozentige Wahrheit, die jeder erfährt, der nach innen geht. Doch das Problem ist, daß die Atmosphäre dieser Welt sehr negativ aufgeladen ist, und dadurch hat kein Ratschlag Gewicht, den ihr für etwas erhaltet, das nichts mit dieser Welt zu tun hat.

Menschen, die von Drogen abhängig sind, wissen sehr wohl, wie gefährlich und giftig diese sind. Es ist ihnen auch bewußt, daß sie dadurch zugrundegerichtet werden und sterben können und daß sie alles verlieren - jede Achtung, ihre Gesundheit und alles, was sie besitzen. Auch ihre Familie leidet nur noch. Doch das Gemüt ist derartig hypnotisiert, daß die besten Erkenntnisse keine Bedeutung haben. Die Gewohnheit oder Neigung bleibt.

Das Gemüt wurde uns also von der Negativkraft als sehr, sehr mächtiges Werkzeug gegeben, damit wir mit seiner Hilfe bis in alle Ewigkeit nicht mehr aus der Falle des Negativen herauskommen und nie mehr zu Gott zurückkehren. Das Gemüt funktioniert nämlich so, daß es an den schmutzigen, ekelhaften und negativen Orten alles, ja wirklich alles, restlos aufsaugt.

Gehen wir an einen Platz, wo uns die Leute mit Juwelen, Diamanten, gutem Essen, wohlschmeckenden Getränken und den besten Dingen überhäufen, wird das Gemüt alles andere sofort loslassen. Kommen wir nach Hause zurück, was finden wir dann dort vor? Wieder nur Abfall und lauter schreckliches, giftiges Zeug! So ist der Mensch auf dieser Welt völlig hilflos.

Diese Erfahrung habe ich selbst gemacht. Ich habe den Adi Granth vielleicht vier- oder fünfhundert Mal gelesen. Es ist ein dicker Band mit 1430 Seiten. Auf jeder Seite, ja in jeder Hymne, ist so viel vom Reich Gottes, von Gott und der Bedeutung Gottes die Rede und davon, daß der Mensch Seele und nicht Körper ist. „Ihr gehört nicht zu dieser Welt, ihr gehört zu Gott und dem Reich Gottes.“ Doch als ich dies damals las, verstand ich es nicht. Dreißig oder vierzig Jahre fuhr ich mit dem Studium fort, konnte aber den wahren Sinn nicht entschlüsseln, den ich doch unbedingt finden wollte.

So führte ich das gewöhnliche, weltliche Leben weiter, wie es die Negativkraft vorsieht, und das wahre Leben, wie es die Bibel, der Adi Granth oder andere Schriften beschreiben, blieb mir verschlossen. Nachdem ich von meinem Meister initiiert worden war, sagte mir jeder Satz, den ich in irgendeiner Schrift las: „Das ist die Wahrheit, das ist genau das, was du immer gesucht hast.“

Nun konnte ich den Sinn begreifen und befolgen und daran arbeiten, und ich habe viel erreicht, denn der Meister hat seine besonderen Kräfte, die stärker sind als das Negative. Das, womit uns die Negativkraft hypnotisiert hat, nimmt die Meisterkraft von uns. Sie lenkt uns in ihre Richtung, und wir können das, was der Meister uns gibt, annehmen; denn er gibt sein Verständnis, sein Wissen und seine Weisheit nicht nur unserem Intellekt und Gemüt ein, sondern auch der Seele, die ewig lebt. Wenn erst einmal etwas in sie eindringt und sie es annimmt, bleibt es für immer dort. Da die Seele ihres Lebens beraubt wurde, hält sie es fest, sobald sie dieses Leben wiederfindet, und läßt es nie mehr los.

Die große Gotteskraft, die im Meister wirkt, ist das einzige, was euch helfen kann. Was könnt ihr denn für euch selbst schon tun? Nicht einmal die Engel, Götter und Göttinnen oder Gottheiten haben Macht, weil sie selbst unter der Herrschaft der Negativkraft stehen. In Gottes Schöpfung ist ausschließlich Gott für uns da, um uns zu helfen. Alle anderen Mächte haben selbst nichts, ganz zu schweigen von irgendeinem Nutzen für uns. Gott ist bei euch, in euch, und hält seine Stellung ganz oben.

Mein Großmeister Baba Sawan Singh veranschaulichte dieses Thema auf folgende Weise. In einer Familie besitzt der älteste Sohn umfassendes Wissen, handwerkliche Begabung, eine gute Ausbildung und zudem riesige Lagerbestände. Er ist Arzt, Ingenieur, Ladenbesitzer, Schneider, Schwarzschmied *(englisch: blacksmith)*, „Weißschmied" und Goldschmied. *(Lachend)* Ihr lacht, weil ihr nicht wißt, was ein „Weißschmied" ist. Ihr müßt wissen, daß der Meister ein Weißschmied ist. Er befaßt sich nur mit dem Licht, der Herrlichkeit und der Schönheit.

Ihr seht schon, der Familienälteste, euer Vater meinetwegen, ist nicht nur ein Schwarzschmied, sondern auch „Weißschmied" und zusätzlich Goldschmied. Kann eine Familie, die so jemanden im Haus hat, irgendwelche Probleme haben? Alles, was schiefgeht, wird er in Ordnung bringen. Jeden Vorrat, der abnimmt, wird er auffüllen, und im Haus wird er immer für alles sorgen. Nichts bereitet der Familie irgendwelche Sorgen oder Probleme. Er ist der Stärkste, und darum kann es niemand wagen, dieser Familie einen Schaden zuzufügen. Glücklich also die Familie, die ein solches Mitglied hat!

Nun, meine Lieben, eure Familie ist glücklich, denn sie besitzt eine wundervolle, wunderbare Kraft, einen wunderbaren Vater! In der Bibel wird er auch „Gottvater" genannt. Ihr könnt die Menschen der Welt, wie eure Verwandten, Freunde oder eure Eltern, ruhig achten, doch ihr dürft dabei nicht jenen großartigen Vater, jene mächtige Kraft vergessen, die wirklich ein und alles für euch ist. Es tut mir leid sagen zu müssen, daß ihr alle nur jenen Leuten glaubt, die unglaubwürdig sind und keinerlei Kompetenz haben. Sie mögen euch lieben und euch helfen wollen, doch es steht nicht in ihrer Macht, das Gute für euch zu tun, das eure Seele braucht. Deshalb hat euch Gott sich selbst gegeben.

Er ist kompetent, vollkommen und ausreichend für euch. Habt ihr Gott gefunden, habt ihr alles gefunden, was euch helfen und dienen wird. Er versichert euch: „Ich werde abwischen all eure Tränen. Es wird keine Sorgen, keine Schmerzen, keine Nöte, keine Krankheiten und keinen Tod mehr geben.“ Und weiter sagt er: „Diese Dinge hat es gegeben, und ihr habt gelitten, als ich nicht da war. Aber jetzt, da ihr bei mir seid, werde ich mich um euch kümmern. Ihr könnt euch entspannen, ihr könnt in mir ruhen und euch für immer erfreuen.“

Könnt ihr einen Freund, ein Familienmitglied, einen Menschen hier in der Welt finden, der euch auf diese Weise zur Seite steht? Das ist niemals möglich! Es war nie möglich und wird auch nie möglich sein. Aber meine Lieben, solch ein Freund wurde euch geschenkt. Das Tor zum Reich Gottes wurde euch geöffnet, und ihr habt Zutritt erhalten. Ihr hattet die Augen geschlossen, und vielleicht konntet ihr sogar um Mitternacht die innere Sonne sehen, dieses großartige Licht. Das Licht von Sonne, Mond und Sternen kann auf die äußere Welt und auf euren physischen Körper scheinen, aber die Dunkelheit vermag es nicht von eurem inneren Selbst zu nehmen.

Alle, die euch nahestehen, möchten euch vielleicht zufriedenstellen, indem sie euch ihre Hilfe anbieten, doch sie können euch nicht wirklich helfen oder von Krankheiten, Problemen, Sorgen und Tod befreien. Diese Welt ist eine Welt des Scheins. Es ist so, als ob ihr im Kino oder vor dem Fernseher sitzt. Die Bilder kommen und gehen, erscheinen aufs neue und immer wieder, und ihr könnt sie nicht festhalten.

Aber zeitweise seid ihr sehr vertieft darin, es macht euch großen Spaß, und ihr lacht und hüpft herum. Ein anderes Mal seid ihr so gerührt, daß ihr weint. Aber warum lacht ihr? Warum hüpft ihr herum? Warum seid ihr glücklich? Weil „nichts" da ist. Warum weint ihr? Auch wegen „nichts"! Dieses Nichts ist für uns alles geworden, das uns zum Lachen und auch zum Weinen bringt. Dieses Spiel geht weiter, um uns irrezuführen, zu täuschen und bis in den Tod zu betrügen, solange, bis wir in irgendwelchen schrecklichen Höllen gut untergekommen sind.

Doch der Meister verspricht euch nichts Unwirkliches oder nur etwas für die Zukunft, also zum Beispiel, daß ihr nach dem Tod in den Himmel kommt und nicht in die Hölle. Nein, er schenkt euch den Himmel und seinen heiligen Ort jetzt sofort und holt euch aus den dunklen Höllen heraus. Deshalb werdet ihr aufgefordert: „Sucht zuerst das Reich Gottes", denn wenn ihr nach dem Reich Gottes sucht, werdet ihr es erhalten. Es ist in uns, und wird uns vom Meister eröffnet.

Einmal in diesem euren Zuhause angekommen, wird es euch für immer gutgehen, denn niemand wird euch wieder in die Wildnis hinausjagen. Das Haus gehört euch, und wer darin wohnt, wird euch freundlich gesonnen sein. Das heißt, die Sorgen und Probleme der Wildnis sind für immer vorbei, weil ihr euer Zuhause gefunden habt und für immer dort bleiben werdet.

Der Meister sagt also: "Komm und nimm dieses Königreich in Besitz, mein Königreich, das Reich Gottes, und du wirst die Gewißheit haben, daß es von nun an deine bleibende Wohnstatt ist. Niemand kann dich daraus vertreiben, und du wirst es auch nie wieder verlassen wollen." Dann ist unser Leben für immer in die unbeschreibliche Schönheit und Herrlichkeit des Reiches Gottes eingebettet, entweder von Beginn unseres Lebens an oder zu irgendeinem anderen Zeitpunkt, in der Jugend, im frühen Erwachsenenalter oder ein bißchen später - sobald wir es gefunden haben, werden wir es nie wieder verlieren.

Die Leute jagen hinter einflußreichen weltlichen Positionen her. Bei Wahlen kämpfen sie eifrig darum, Minister, Premierminister oder Präsident zu werden und sind auch bereit, über Leichen zu gehen. Doch das stärkt nur das Ego, und das Gemüt genießt das Ego. Der Körper leidet Tag und Nacht, kämpft und müht sich in schwerer Arbeit ab. Auch der Intellekt leidet, weil er diese und jene Probleme bedenken muß, und die Seele schließlich leidet am meisten, weil dadurch ihr Gang in die Höllen vorbereitet wird.

Wenn ich die Gemütsverfassung solcher Menschen sehe, finde ich das wirklich sehr, sehr beklagenswert. Der Meister ruft ihnen zu: „Wenn ihr unbedingt Minister, hohe Beamte, Präsidenten, Könige oder Kaiser werden wollt, so kommt zu mir! Ich werde euch zu einem echten König oder Kaiser machen, der keine Sorgen und Probleme hat; und ihr werdet auch für immer und in Ewigkeit das bleiben, was ihr geworden seid."

Der Mensch auf dieser Welt befindet sich in einem schrecklichen Zustand. Während der Meister einem Schüler vielleicht sogar eine unsichtbare Leine umlegt und versucht, ihn in das Reich Gottes zu ziehen, bemüht sich dieser seinerseits, den Meister in die Hölle zu zerren. So findet ein mächtiger Kampf zwischen den beiden statt. Der Meister wünscht sich: „Mein Schüler soll vor den Höllenqualen bewahrt werden und die Himmel genießen", doch der Schüler sagt: „Ich kann nur an Höllen Freude finden!"

Gott kam einmal zu einem Sterbenden und fragte diesen: „Was ist dein Begehren? Willst du in den Himmel oder in die Hölle?" Er antwortete: „Laß mich eine Minute darüber nachdenken." Nach einer Minute sagte er: "Mein Lieber, was soll ich im Himmel? Da sitzt hier einer in Meditation, da einer und dort einer - überall sitzen sie und meditieren. Dort wird mir die Zeit lang! Ich werde keinen Tee, Kaffee, keine Schokolade und kein Eis bekommen. Nur Gott wird mich auffordern: „Iß mich und trink mich, iß mich und trink mich!" Das wird mir ständig Kopfschmerzen bereiten oder mich langweilen. Keine Abwechslung, immer derselbe Geschmack! Wenn ich aber in die Höllen gehe, wird es ein großes Gezeter geben. Der eine prügelt, schreit oder springt herum, ein anderer sinkt zu Boden oder stirbt. Ich werde mich an den unterschiedlichsten Szenen erfreuen."

Ja, meine Lieben, das ist der Zustand unseres Gemüts. Fragt ihr euer Gemüt: „Was willst du?", wird es nur sagen: „Höllen." Ihr solltet euer Gemüt jetzt aber schwächen, indem ihr auf das heilige Licht und den heiligen Ton meditiert.

Solange ihr diesen euren schlimmsten Feind nicht besiegt, gibt es keine Hoffnung. Wenn wir draußen in der Welt sind, füttern wir das Gemüt. Sind wir im Inneren mit dem heiligen Licht und dem heiligen Ton Gottes verbunden, wird das Gemüt schwächer und die Seele gewinnt in Gott und dem Meister an Stärke. Dadurch entfernen wir uns immer mehr vom Weg des Todes und der Zerstörung und schreiten voran auf dem Weg des Lebens, bis wir schließlich das wahre Leben finden.

Meine Lieben, ich versichere euch, daß es vollkommen genügt, wenn ihr diesen heiligen Übungen täglich regelmäßig zwei, drei Stunden widmet. Ihr werdet innen alle Hilfe und auch wunderbare göttliche Segnungen erhalten und Gott finden. Diejenigen, die vielleicht schon vorher sterben, haben Gott, unser Ziel, nicht in diesem Leben erreicht. Sie werden dann allerdings gleich auf die innere Ebene gebracht, zu der sie sich in diesem Leben entwickelt haben, und können dort meditieren.

Dort, in den höheren Ebenen, erfolgt durch die Meditation auf Licht und Ton eine weitere Reinigung, und schließlich werden sie zu Gott gelangen. Der Meister wird sie hin und wieder besuchen, denn er hat eine bleibende Verantwortung für euch. Zweifellos müßt ihr dort für das, was ihr hier an einem Tag bewältigen könnt, mindestens ein Jahr arbeiten. Die Arbeitszeit ist äußerst lang, und die Ergebnisse stellen sich sehr langsam ein.

Deshalb ersuche ich euch: „Bitte gestaltet euer Leben in dieser Welt einfacher und billiger, damit ihr mehr Zeit zum Meditieren habt und in diesem Leben den Zweck eures Lebens erfüllen könnt!" Immerhin sind die Dinge in Bewegung, das heißt, die Situation wird günstiger, und es ist abzusehen, daß ihr Initiierten euch alle mit Gott, eurem Ziel in diesem Leben, vereinigen werdet.

Aber die Sache ist von zwei Seiten anzugehen. Einerseits möchte der Arzt dem Patienten helfen, und andererseits erwünscht sich der Patient ebenfalls die Hilfe des Arztes. Die Arbeit auf nur einer Seite bringt keinen Erfolg. Beide müssen von ihrem Standpunkt aus aktiv werden!

So, meine Lieben, meine Meinung und mein Ziel sind, daß es überhaupt kein Leid in dieser Welt geben sollte, denn all diese Leiden schaffenden Kräfte existieren nur im Bereich unseres Gemüts. Sie schädigen nicht nur uns, sondern auch all jene, welche die drei Welten bewohnen, die physische, die astrale und die kausale. Wir haben die Kompetenz, diese Mächte ganz aus unserem Gemüt zu vertreiben, so daß sie keinen Platz mehr finden. Ich möchte nicht nur eure Schwierigkeiten und Probleme ausmerzen. Alle Lebewesen, nicht nur die Menschen, gehören zur Schöpfung Gottes und sind seine Kinder. Ihnen allen muß geholfen werden.

Die einfache Lebensweise, die euch nahegelegt wird, ist nichts Schwieriges. Ihr müßt nur einen festen Zeitplan aufstellen und euch ganz aufrichtig daran halten. Er wird dann zu eurer täglichen Gewohnheit werden, und die tägliche Gewohnheit wird zu eurer zweiten Natur. Als ich jung war, hatte ich die Gewohnheit, um sechs oder sieben Uhr aufzustehen. Als mir aber bewußt wurde, wie kostbar die Augenblicke dieses Lebens sind, wollte ich dies ändern und um drei oder vier Uhr aufstehen.

Also machte ich mir einen festen Tagesplan, der vorsah, daß ich um vier Uhr aufstand. Es dauerte ungefähr drei, vier Monate, in denen es mir schon ein bißchen schwerfiel, mich an diese Veränderung zu gewöhnen. Doch ich schaffte es. Danach war es für mich wirklich schwierig, nach vier Uhr noch im Bett liegenzubleiben; Gott hat nämlich unser Leben so eingerichtet, daß wir uns an Dinge anpassen können, wenn wir wollen.

Ihr müßt also euren Lebensplan festlegen und versuchen, danach zu arbeiten. Vom Meister ist Hilfe da, und ihr werdet erfolgreich sein. Manche Initiierte berichten, daß der Meister sie manchmal aufwecken kommt, wenn sie zu lange schlafen. Das kommt vor, denn der Meister hat die Verantwortung und muß euch in all euren guten Gewohnheiten unterstützen. Er wird versuchen, euch von euren negativen Neigungen fernzuhalten. Der Meister wird euch helfen, aber ihr müßt euch auch selbst helfen.

# Gott ist immer für uns da

*Jesolo, 17.9.1997*
*Abendvortrag*

Meine lieben Schwestern und Brüder, es gibt Nachrichten, die euch ganz dringend mitgeteilt werden müssen. Es mag sein, daß Bäume und Pflanzen vollkommen zufrieden sind und keine Sorgen, keine Probleme und kein Leid kennen. Es kann aber auch sein, daß alle Lebewesen, die im Wasser, in der Luft und auf der Erde leben, sowie auch die Pflanzen leiden. Nehmen wir einmal an, daß alle mehr oder weniger unter Schwierigkeiten und Krankheiten leiden, und daß es für keinen ein Heilmittel gibt. Sollte es aber doch für einige oder alle ein Heilmittel geben, so besitzt es der Mensch selbst. In der Offenbarung des Johannes wird unmißverständlich zum Ausdruck gebracht, daß Gott nicht bei uns war und es keine Hilfe gab, solange wir uns in anderen Lebensformen befanden.

Nur für den Menschen gilt eine besondere Botschaft: „Siehe da, das Heiligtum Gottes ist bei den Menschen." Es ist dafür gesorgt, daß wir zu Gott gehen können und er uns zur Verfügung steht. Weiter heißt es: „Er wird bei ihnen wohnen, und sie werden sein Volk sein, und er selbst, Gott, wird mit ihnen sein." - wie ein Vater, der zu uns sagt: „Mach dir keine Sorgen, ich bin dein Vater." - oder die Mutter, die uns beruhigt: „Ich bin doch deine Mutter, ich kümmere mich um alles, was zu den Mutter- und Vaterpflichten gehören." Aber meine Lieben, bei den Eltern und anderen Familienangehörigen ist es nicht sicher, daß sie ihre Verantwortung fühlen oder bei aller Liebe zu uns überhaupt in der Lage sind, uns zu helfen. Er aber ist Gott, und Gott ist für uns da.

Welche Bedeutung hat für uns der Bundeskanzler Deutschlands (oder der Staatspräsident Italiens)? Wir haben keinerlei Beziehung oder Verbindung zu ihm. Für uns spielt es keine Rolle, ob er Staatsoberhaupt ist oder nicht. Das Kind des Präsidenten jedoch kann überall hingehen und erklären: „Mein Vater ist Präsident dieses Landes.“ Da der Vater diese Stellung auch tatsächlich innehat und es sein Kind ist, hat es den Vorzug, alle Möglichkeiten des Vaters mitzubenutzen. Allen anderen geht es unter Umständen schlecht, aber als Kind des Landesvaters wird es ihm an nichts fehlen. Ja, es kann sogar beim Vater noch ein gutes Wort für seine Freunde einlegen, und der Vater wird ihnen höchstwahrscheinlich auch helfen.

So bedeutet auch der Satz „Er wird ihr Gott sein“, daß er Gott ist, und wir das, was er besitzt, genießen können. Als nächstes heißt es, daß Gott ganz von selbst zu handeln beginnt. Darum brauchen wir ihn nicht einmal zu bitten. „Und Gott wird abwischen all ihre Tränen“, versichert er uns, und: „Es wird keine Sorgen mehr geben, keine Schmerzen, keine Not, keine Krankheiten, und auch der Tod wird nicht mehr sein.“

Diese Botschaft sendet Gott aber nur seinen Kindern, die sich in einem menschlichen Körper befinden. Zu allen anderen Lebewesen konnte er nicht sagen: „Ich bin euer Gott“ oder: „Ich bin euer Vater, und ich kann euch helfen.“

Aber gleich in dem Augenblick, als die Seele, die Millionen von Jahren gelitten hat, in den Menschenkörper kam, erschien Gott und brachte diese Botschaft: „Meine Wohnstatt ist nun in dir, mein Reich, das Reich Gottes, ist nun bei dir. Ich habe meinen Sitz in dir, der Seele, eingenommen. Bitte, schau zu mir, schau auf mich! Ob du mich erkennst oder nicht, ich werde bei dir sein. Ich erkenne dich, ich sehe dich und werde immer für dich da sein.

Alle meine Dienste sowie die Hilfe aller Engel und anderer Kräfte, die von mir kommen und die ich dir gegeben habe, stehen dir zur Verfügung. Jetzt wische ich dir alle Tränen ab. Von nun an gibt es keinen Grund mehr zu weinen, denn die Tränen stammen aus der Zeit, als ich nicht bei dir war. Ohne mich hast du gelitten, hattest du Sorgen, Probleme und hast geweint. Jetzt aber bin ich bei dir. Jetzt gibt es kein Leid mehr, keine Tränen und keine Schmerzen, keine Schwierigkeiten und kein Probleme, denn ich bin bei dir. Wo ich bin, geht es dir immer gut."

Diese Macht hat Gott, und er weiß, wozu er fähig ist, und deshalb kann er so etwas auch zusichern. Es kann vorkommen, daß wir uns an einen unfähigen Rechtsanwalt wenden, der uns versichert: „Ich werde Ihren Fall gewinnen." Doch innerlich haben wir das Gefühl: „Er scheint ja wenig von seinem Fach zu verstehen, ich bin nicht überzeugt von dem, was er sagt!" Auch beim Arzt kann es euch so ergehen. Ob er eure Krankheit überhaupt erkennt oder nicht und ob er fähig ist, euch davon zu befreien oder nicht, er wird in jedem Fall sagen: „Machen Sie sich keine Sorgen, ich kenne mich aus, ich werde Ihre Krankheit heilen!" Aber oft können uns diese Leute nicht helfen, und ihre Behauptungen sind alle falsch. Ähnlich verhält es sich mit allen anderen, mit unseren Brüdern, Schwestern, Verwandten, die alle behaupten, uns zu helfen, aber in Wirklichkeit gar nicht dazu in der Lage sind.

In Indien erzählt man sich von einem Mann, der den Fluß, an dem er lebte, immer in einem Gefäß aus gebranntem Ton überquerte, dem das Wasser nichts anhaben konnte. Eines Tages fand er dieses Gefäß nicht und nahm eines aus gewöhnlichem Ton. Er redete sich ein: "Sicher bringt es mich auch ans andere Ufer." Aber das stellte sich als fataler Irrtum heraus, denn als er mitten im Fluß war, verlor der Ton seine Form und löste sich auf. So verursachte dieses unzuverlässige Hilfsmittel seinen Tod!

Es ist also sehr wichtig, daß wir das, wovon wir Hilfe erwarten, genau überprüfen: „Wird es wirklich funktionieren? Ist es zuverlässig?" Wenn noch so viele Leute behaupten: "Auf uns könnt ihr euch verlassen, uns könnt ihr glauben", und es gibt einen, der wirklich verläßlich und vertrauenswürdig ist und auf den ihr euch verlassen könnt, dann laßt alle anderen stehen und nehmt das Angebot dessen an, dem ihr tatsächlich vertrauen könnt! Nun, Gott, seiner Kompetenz und seiner Aufrichtigkeit in der Beziehung zu uns können wir vertrauen. Er ist wirklich verläßlich und glaubwürdig. Warum also setzen wir immer noch auf Zweifelhaftes, statt ihn anzunehmen? Es ist sicher, daß nichts, was zu dieser Welt gehört, verläßlich ist, denn nichts taugt dazu. Es gibt niemanden, auf den man sich verlassen und dem man glauben könnte.

In der indischen Mythologie gibt es das Mahabharata-Epos. Es schildert den „großen Krieg", in dem sich zwei Parteien gegenüberstanden: die Familien der Pandavas und der Kaurdavas. Beide hatten die schlechte Angewohnheit zu spielen. Die Angehörigen der einen Familie verloren unglücklicherweise immer und büßten schließlich auf diese Weise alles ein. Zum Schluß setzten sie sogar noch auf ihre Königin und verloren auch sie. Die Gegner waren sehr hinterlistig und grausam und nahmen sie alle als Sklaven gefangen, obwohl sie eigentlich als Vettern miteinander verwandt waren. Die einen verloren alles, und der König der anderen ließ sie in Schimpf und Schande dem versammelten Hof vorführen. Dann ließ er nach ihrer Königin *(der Lebensgefährtin der fünf Pandava-Prinzen)* rufen. Sein nächster Befehl war, daß sie vor aller Augen ausgezogen werden sollte. Ihre gesamte Familie sollte bei dieser erniedrigenden Szene zusehen.

Die Frau war in heller Verzweiflung: „Was ist los? Was habe ich mir zuschulden kommen lassen?“ Aber niemand beantwortete ihre Fragen, und der Befehl, sie nackt zu entkleiden, wurde nicht zurückgenommen. Nun schaute sie zu den fünf Pandava-Prinzen und sagte: „Ihr habt doch immer behauptet, stark und stets kampfbereit zu sein! Wenn einer mit dem Finger auf mich zeigen sollte, wolltet ihr ihm den Arm abschlagen. Sollte mich einer respektlos anschauen, so wolltet ihr ihm die Augen ausreißen!“ Das alles hatten sie ihr versichert, und so fragte sie jetzt: „Wie steht es nun mit euren Versprechungen?“ Die Prinzen aber wagten nicht einmal den Kopf zu heben und blickten beschämt zu Boden. Da schaute sie sich nach den anderen Höflingen um, die ihr immer sehr ergeben gewesen waren, besonders nach einem, der ein freundlicher Mann war und sie seine Tochter genannt hatte. An ihn wandte sie sich: „Wenn du mich deine Tochter nennst, wäre es dann nicht an der Zeit, deiner Tochter beizustehen?“ Auch er entzog sich und erklärte: ”Ich kann es nicht!” Hilfesuchend blickte sie zu den anderen Anwesenden, aber keiner regte sich.

Da begriff sie, daß sie mit ihrer Macht am Ende war. Zwar war sie eine Königin, aber hier war niemand, der ihr beistand. Sie hatten alle nur angegeben. Als sie nun von außen keinerlei Hilfe erhielt, schloß sie die Augen vor der Welt und dachte an die Gotteskraft, die Meisterkraft. Die Geschichte berichtet, daß ein Mann beauftragt wurde, sie zu entkleiden. Aber ihr Sari, der, wie in Indien üblich, aus einer einzigen Stoffbahn bestand und den ganzen Körper bedeckte, wurde immer länger und länger. Es türmte sich ein großer Haufen Stoff neben ihr auf, aber es gelang nicht, auch nur eine kleine Stelle ihres Körpers zu entblößen. Da merkten ihre Peiniger, daß ihre Bemühungen keinen Erfolg haben würden, denn der Königin stand eine Kraft jenseits ihres Machtbereichs bei, und so ließen sie sie gehen.

Die Königin kehrte unversehrt nach Hause zurück und setzte sich zur Meditation. Da erschien ihr der Meister im Inneren, und sie fragte: „Mein großer Meister, warum kamst du so spät? Ich habe so viel erdulden müssen." Darauf antwortete er: „Meine Liebe, das tut mir leid. Du hast ja auch nicht gleich nach mir gerufen, sondern nur an deine Beschützer in der Familie und an die anderen aus dem Hofstaat gedacht. Du hast die Tür zu mir nicht geöffnet, und so war mir der Zugang versperrt. Ich hatte keine Möglichkeit, dir zu Hilfe zu kommen. Erst als du von diesen Leuten allen enttäuscht wurdest, hast du dich meiner erinnert. Da konnte ich sogleich erscheinen und dir beistehen. Es war allein deine Schuld, denn du hast Leuten vertraut, auf die man sich nicht verlassen kann. Mir könntest du nur einen Vorwurf machen, wenn du mich gerufen hättest und ich länger als eine Sekunde gebraucht hätte, dir zu Hilfe zu kommen."

Nun, meine Lieben, Gott existiert tatsächlich, und nur auf ihn können wir uns verlassen. Wenn der Meister euch initiiert, bettet er seine strahlende Gestalt in die Seele jedes einzelnen ein und treibt alles hinaus, was zur Negativkraft gehört. Er übernimmt die Verantwortung für die Seele und sagt:

„Jetzt gehörst du zu mir. Dein ganzes Leben lang, das du hier auf dieser Erde im menschlichen Körper verbringst, bin ich für dich da. Was immer du sagst, werde ich tun. Worum du auch bittest, ich werde es dir geben. Selbst im letzten Augenblick, wenn du den physischen Körper verlassen mußt, haben der Todesengel und der Richter keine Macht über dich. Dein Leben läuft nicht deinem Schicksal entsprechend ab, und du mußt nicht wie vorgesehen leiden. Das Schicksal existiert jetzt nicht mehr. Jetzt ist dein allmächtiger Vater bei dir, dein liebevoller, gnädiger Vater, und er wird alles tun, was er möchte oder worum du bittest. Ich kann dein Leben verlängern oder verkürzen, das liegt bei mir. Wenn ich dann all dein Soll und Haben abgewickelt habe, wenn es ausgeglichen ist, werde ich dir sagen, zu welcher Zeit und an welchem Tag ich dich zu deiner letzten Wohnstatt bringen werde. Dann komme ich in aller Herrlichkeit, aller Schönheit, allem Licht, allem Leben, mit allen Schätzen, allen Segnungen und aller Gnade. Dieser Tag, an dem du deine Körperhülle verläßt und als Seele mit mir zu Gott gehst, wird dein wahrer Geburtstag sein. Niemals in deinem ganzen Leben hast du solch einen Frieden, solch eine Ekstase, solch eine Liebe genossen, wie du sie beim Verlassen des physischen Körpers und der Erde erleben wirst, wenn du mit deinem Gott gehst. Die Beschränkungen dieser Erde werden wegfallen, und Gott, dein Vater, kann dir unbehindert alle Annehmlichkeiten, alle Freude, allen Frieden und jeden Segen schenken - all das, woran er sich selbst erfreut. Für dich gibt es weder Hölle noch Himmel und auch kein Jüngstes Gericht. Du wirst nicht vom Todesengel abgeholt, weil du von dem übernommen worden bist, der die Macht und die höchste Autorität besitzt. Seinen Segnungen für dich kann nun niemand mehr im Weg stehen. „

Nun, meine Lieben, wir müssen wissen, wer uns angenommen hat, wie großartig und kompetent er ist, und daß es nichts gibt, wozu er nicht in der Lage ist. Er kann alles für uns tun, und er hat die Macht, uns seine gesamte Schöpfung untertan zu machen. In der indischen Mythologie gibt es ein schönes Gleichnis dafür: Ein König hatte eine gute Königin, die ihm einen Sohn gebar. Nach einiger Zeit jedoch verliebte er sich in eine andere Frau, und er wollte sie heiraten. Sie aber verlangte von ihm, daß er seine erste Frau und das Kind aus dem Königreich verbannte, damit ihr Sohn das Reich einmal erben konnte. Das war zwar gegen das herrschende Gesetz und alle Regeln, aber einen König kann ja niemand zur Rede stellen. So entschloß er sich also, ihrem Wunsch nachzugeben, und verjagte die Königin und seinen Sohn. Dann heiratete er die neue Frau.

Der Junge stellte nun seiner Mutter Fragen: „Was ist denn geschehen? Du bist doch die Königin, und ich bin der Sohn des Königs. Was geschieht mit uns? Kannst du mir diese Situation erklären? Alles ist so seltsam.“ Die Mutter war eine Frau, die durch die Meisterlehre Wissen und Weisheit erlangt hatte. Als erstes bemühte sie sich, ihm das Gesetz des Karmas zu erklären, das besagt: „Wie du säst, so wirst du ernten“, und sie sagte: „Mein Lieber, wir wissen nichts. Wir begreifen nicht, daß allem, was auf dieser Welt geschieht, ein Sinn zugrunde liegt. Nichts geschieht zufällig oder planlos. Sieh, mein liebes Kind, daß ich ein Leben als Königin genießen durfte, war die Frucht von gutem Karma, das ich in vergangenen Leben erworben hatte. Auch du konntest die Stellung als Sohn des Königs aufgrund eines entsprechend guten Karmas aus deinen früheren Leben genießen. Als aber die Ernte der guten Karmas vorüber war, mußten wir gehen, und nun müssen wir diese Art von Leben durchleiden. Wir können die Schuld dafür weder deinem Vater, dem König, noch deiner Stiefmutter geben; denn das Gesetz des Karmas lenkt dies alles so. Und nun, mein Lieber, laß es gut sein und mach dir um nichts Sorgen!"

Der Junge gab sich damit allerdings nicht zufrieden. Er sagte: „Was du über das Gesetz des Karmas sagst, ist verständlich. Ich glaube es dir. Aber mein Gemüt ist nicht bereit, es zu akzeptieren. Es stellt immer noch Ansprüche. Schließlich bin ich der Sohn des Königs. Warum soll ich nicht sein Nachfolger werden? Warum soll ich meine Rechte verlieren? Das Gesetz des Karmas ist eine wenig überzeugende Begründung. Mein Verlangen wird dadurch nicht gestillt. Ich finde keine Ruhe, ich bin unzufrieden. Mein ganzes Leben lang werden die unbefriedigten Wünsche in mir brennen. Ich werde alles unternehmen, ja, jede Sünde und jede Untat begehen, um meinen Wunsch zu erfüllen. Ich werde mein Ziel erreichen, selbst wenn ich meinen Vater und die Stiefmutter dafür umbringen müßte! Solange mein Verlangen nicht gestillt ist, werde ich kämpfen. Dieses Gesetz nützt mir gar nichts. Weißt du für mich in dieser Verfassung eine Erleichterung oder Lösung für dieses Problem?" Seine Mutter lächelte und antwortete:

„Mein lieber Sohn, ganz sicher und bestimmt gibt es für diese Situation eine Lösung. Aber zuerst möchte ich dich doch noch auf etwas aufmerksam machen. Du warst sehr stolz auf deinen Vater und dachtest: 'Ich habe einen Vater, der mich sehr liebt und mir alles gibt. Worum ich auch bitte, ich bekomme es. Ich werde nach ihm König sein, und er wird alles für mich tun.' Aber dieser Vater, auf den du so stolz warst, ist für die schrecklichen Umstände, in denen du dich jetzt befindest, verantwortlich. Warum hast du so auf ihn vertraut? Hat er das verdient? Ich habe dies für mich nie in Anspruch genommen, denn ich weiß, daß ich keine Macht und keine Kompetenz habe, irgend jemandem und schon gar nicht mir selbst zu helfen.

Aber, mein Lieber, es gibt einen, der dich liebt und auf den du wirklich stolz sein kannst. Er ist kein falscher Vater aus dieser unwirklichen, falschen Welt. Er ist wirklich ein Vater, ein ewiger Vater, der kompetent ist, dem du glauben und trauen kannst. Er wird immer wie ein richtiger Vater handeln. Du machst dir jetzt so viele Sorgen um das kleine Reich deines Vaters, aber wenn du zu jenem Vater gehst, kann er dir ein Reich schaffen, das die gesamte Welt umfaßt, und dabei wird er die momentanen Herrscher nicht einmal in Unruhe versetzen. Er kann eine neue Welt für dich schaffen, und er wird sie dir überreichen."

Da wurde der Junge sehr froh und fragte: „Meine liebe Mutter, gibt es denn wirklich einen solchen Vater? Wenn ich ihn finde und er das tut, werde ich ihn als meinen Vater annehmen, als meine Mutter, als mein Alles. Aber wie finde ich ihn denn? Wo ist er?" Sie sagte: „Es ist ganz einfach: Er ist in dir - in deinem Inneren. Suche jemanden, der bereits mit ihm verbunden ist und von Gott beauftragt wurde, jedem, der sich deswegen an ihn wendet, den Dienst zu erweisen, ihn mit dem großen Gott, mit Gottvater, zu verbinden.“ Der Junge war sofort bereit, sein Zuhause und die Mutter zu verlassen, um nach dem Meister zu suchen. Die Mutter ließ ihn auch gern gehen. Sie klammerte sich nicht an ihn und klagte nicht: „Mein liebes Kind, wie kann ich ohne dich leben, und wie könntest du ohne mich sein?“, nein, sie sagte: „Lieber Junge, ich kann nichts für dich tun. Ich kann dir überhaupt nicht helfen. Du brauchst mich nicht. Auch du bist für mich nicht ausschlaggebend. Du kannst nichts für mich tun, denn du kannst mir in keiner Weise nützen. Mein Vater, Gott, ist bei mir, und du magst ebenfalls mit deinem Vater, mit Gott, gehen und dich an ihm erfreuen, so wie ich es tun werde.“

Der Junge war neun oder zehn Jahre alt, als er sein Zuhause und die Stadt verlassen hatte und in die Wildnis gegangen war. In seinem Herzen und seinem Kopf kreisten nun folgende Gedanken: „Wo finde ich nur diesen Menschen, der mit Gott verbunden ist und der auch mich mit ihm verbinden kann?“ Da mußte Gott diese Begegnung sogleich in die Wege leiten, und so führte er den Jungen zu einem gottverwirklichten Menschen. Das Gesetz lautet nämlich: „Bittet, und es wird euch gegeben werden.“ Ganz besonders, wenn das Kind nach seinem Vater, Gott, verlangt, setzt Gott alles in Bewegung, um es mit ihm zusammenzuführen.

Dieser Gesetzmäßigkeit entsprechend kam der Junge zu dem Meister und wurde von ihm initiiert. Nun forderte der Meister ihn auf: „Mein Lieber, du hast den heiligen Ton und das heilige Licht erhalten. Ab jetzt werden sie dein Leben ausfüllen. Arbeite mit diesen beiden, wie ich es dir erklärt habe. Mach dir keine Sorgen um das Essen oder andere Bedürfnisse! Fürchte dich nicht vor den Gefahren des Waldes! Ich bin bei dir, und ich werde dir alles geben."

Und so geschah es. Nach einiger Zeit war der Junge vollkommen im Inneren verankert. Wenn man mit Gott verbunden ist, beginnt Gott in seiner Allgegenwart, mit all seinen großen Kräften in einem zu wirken. Der Herzenswunsch des Knaben wurde zu einer Botschaft aus dem Herzen Gottes, und infolgedessen mußte der König denken: „Was hast du nur getan! Welch große Sünde, welch schlimme Grausamkeit hast du begangen!" Gott hat die Fähigkeit, die Herzen von teuflischen, grausamen Menschen in mitfühlende Herzen zu verwandeln.

So sandte der König seine Leute aus, um das Kind und seine Mutter zu suchen. Sie fanden den Jungen, und der König suchte ihn selbst auf. Mit gefalteten Händen bat er ihn um Vergebung: „Was ich getan habe, war eine höchst üble und verabscheuungswürdige Sünde." Er möge ihm vergeben und zurückkehren, um das Reich zu übernehmen, das ihm zustehe. Der König selbst wolle nun meditieren, denn er sei alt und müsse durch die heiligen Meditationen Gottes Vergebung für seine Sünden erlangen.

Der Junge war überglücklich. Wie dankbar war er seiner Mutter, daß sie ihn auf den besten Weg geführt hatte! Ohne etwas Böses tun zu müssen, ohne Blut zu vergießen oder irgendwelche Angriffe auf jemanden auszuführen, fand er seinen Herzenswunsch erfüllt. Als er bereit war, zurückzukehren und das Reich zu übernehmen, schrie seine Seele jedoch auf: „Mein Lieber, du hast hier etwas sehr, sehr Wunderbares, Kluges und auch Nützliches getan, warum willst du jetzt einen Narren aus dir machen? Kennst du nicht den Satz: ‚Ein gekröntes Haupt schläft schlecht‘? In irgendeinem Teil dieser Welt als König zu herrschen, bedeutet, alle Höllentore für dich zu öffnen. Du wirst in diesem Leben und auch noch danach lange, lange Zeit leiden. Warum steigst du im Inneren nicht weiter auf und gehst ganz zu Gott, deinem Vater, und genießt sein Königreich?“

Das sah er ein, und so bat er seinen Vater: „Ich brauche nichts von dem, was du mir anbietest. Vor einiger Zeit noch war ich durch die Unwissenheit und Verstiegenheit meines Gemüts wie verrückt. Aber jetzt belehrt mich mein innerer Meister, daß alles Weltliche mich nur verbrennen und auslöschen kann. Es gibt nur Gott für mich, bei ihm ist der einzige Ort, an dem ich wirklich sorglos sein kann. Du kannst dein Reich gern behalten oder es irgendeinem anderen geben; ich werde niemals einen Anspruch darauf erheben.“ Der Vater mußte heimkehren, und der Junge meditierte weiter, bis er von seinem Meister in den Schoß Gottes, in die fünften Ebene, gebracht worden war. Dort wurde er von Gottvater liebevoll aufgenommen.

Ihm innig zugetan, sprach Gott, sein Vater, zu ihm: „Dein leiblicher Vater ist schon sehr alt geworden und kann die Regierungslast nicht länger tragen. Kehre nun zurück und befreie ihn davon, indem du das Reich übernimmst.“

Das verwirrte den Jungen sehr: „Mein lieber Vater, Gott, es hieß doch, daß das nur Feuer bedeuten und die Höllentore öffnen würde. Weshalb setzt du mich wieder dieser schrecklichen Situation aus?“ Sein göttlicher Vater antwortete: „Mein Lieber, als dein Vater, der König, dir das Reich anbot, hättest du noch schlimmer leiden müssen. Aber jetzt bin ich es, der es dir anbietet, und ich werde für jede Schwierigkeit und alle Probleme, die entstehen, verantwortlich sein. Der Thron deines Königreichs wird mein Schoß sein, und du wirst dort all meine Segnungen genießen können. Der Hauptgrund, weshalb ich dich in die Welt sende, ist, daß du jetzt nicht mehr als Sohn deines weltlichen Vaters regieren wirst. Du wirst nicht wie ein weltlicher König herrschen. Du weißt jetzt, daß du von Gott, deinem Vater, gesandt worden bist. Du wirst mich als deinen Vater mitnehmen und dich ausschließlich auf meine Hilfe, meine Fähigkeiten und meine Führung verlassen und stets meine Gnade, Vergebung und Barmherzigkeit genießen. Durch die große Liebe, die du für mich entwickelt hast, wirst du auch in der Lage sein, alle Bewohner deines Reiches zu erreichen, so daß sie alle mit mir in Verbindung kommen können. Durch dich werden Millionen von Menschen, die unter der Herrschaft der Negativkraft leiden, gerettet werden, denn du hast die Kompetenz und auch die Kraft dazu. Du wirst nicht regieren, um als König zu herrschen, sondern nur, um die gesamte Bevölkerung aus den Fängen von Gemüt und Materie zu befreien. Du wirst nur als mein Diener arbeiten und als Diener und Wohltäter all meiner lieben Kinder.“

Nun konnte der Junge verstehen, was Gott vorhatte, und konnte nicht anders, als seinem Plan bereitwillig zuzustimmen.

Ihr könnt euch jetzt gut vorstellen, wer der einzig Wahre, der wahre Vater, der wahre Gott ist, wer wirklich zu uns gehört und auf wen wir uns verlassen können. Worin liegt unsere Verantwortung, wenn wir nach der Initiation hier in dieser Welt leben? Wenn ein Mädchen heiratet, wird sie von dem Tag der Hochzeit an bei ihrem Mann im Haus wohnen und nur noch für den Mann und das Haus leben und arbeiten. Das gilt heute aber nur noch in der indischen Mythologie, hier im Westen ist es eher umgekehrt. Wenn ihr also initiiert und mit Gott und dem Meister verbunden seid, gehört ihr nur dem Meister und Gott an. Ihr sollt euch nur noch dem Reich Gottes zugehörig fühlen, das euch gegeben wurde. Ab und zu könnt ihr auch einmal einen kurzen Blick auf diese Welt unten werfen, aber ihr solltet immer in eurem göttlichen Lebensgefühl verankert bleiben. Entwickelt all eure Kräfte und Fähigkeiten und helft der leidenden Menschheit! Auf diese Weise hat jeder Augenblick eures Aufenthalts in dieser Welt einen Sinn - nicht indem ihr den irdischen Körpern oder dem weltlichen Besitz dient, sondern indem ihr lebendige Seelen des lebendigen Gottes seid.

Nun, meine Lieben, ihr besitzt große Macht, denn ihr gehört zu Gott, eurem großen Vater. Die Schwierigkeit oder Tragödie besteht nur darin, daß ihr nicht wißt, wie groß er wirklich ist. Wird euch gesagt: „Der Vater ist mächtig, Gott ist mächtig“, erzeugt das nur eine falsche Vorstellung oder eine winzige Ahnung. Wenn ihr aber diesen Gott erblickt, wenn ihr ihn vor euch seht, dann werdet ihr wirklich erstaunt sein, wie unermeßlich stark und groß, wie wundervoll er ist!

Zumindest sollte euch klar sein, zu wem ihr gehört und wie er ist. Außerdem solltet ihr euch auch selbst erkennen und wissen, wie schön, wie wunderbar und wie gut ihr seid. Wenn ihr das begriffen habt, werdet ihr nicht mehr soviel für euren Körper tun wollen, sondern wirklich an eurer wunderbaren Seele arbeiten. Sie braucht weder gewaschen noch frisiert oder eingecremt zu werden! Gerade wie die Sonne ohne jedes Make-up schön ist, so werdet auch ihr strahlen, ohne euch darum bemühen zu müssen.

# Das Mitgefühl des Vaters

*Jesolo, 19.9.1997*
*Abendvortrag*

Meine lieben Brüder und Schwestern, ich möchte euch gern noch einmal etwas mitteilen, das ihr unbedingt begreifen solltet. Mein Meister führte als Beispiel öfter die Geschichte der beiden Familien der Kaurdavas und der Pandavas an, deren Kinder bei einem Lehrer eine Art Privatunterricht erhielten.

Die erste Lektion, die allen diesen Kindern vermittelt wurde, lautete: „Du sollst nicht lügen, sondern stets die Wahrheit sagen, und du sollst nicht zornig sein."

Es waren etwa fünfzehn Kinder, und alle von ihnen beteuerten, diese Lektion gelernt zu haben, und so bekamen sie die nächste Lektion auf. Eines der Kinder aber entschuldigte sich: „Ich konnte diese Lektion leider noch nicht lernen."

Vierzehn Tage lang blieb der Junge an dieser ersten Lektion hängen. Und als der Lehrer, der bereits sehr verärgert war, zu ihm sagte: „Alle anderen Schüler haben schon das halbe Buch durchgearbeitet, und du sitzt immer noch an der ersten Lektion!", da erwiderte der Junge traurig: „Mein verehrter Lehrer, es tut mir wirklich sehr leid, daß ich Euch keine Freude bereiten kann. Aber obwohl ich Eure Erwartungen nicht erfüllt habe, kann ich sagen, daß ich die erste Hälfte der Lektion begriffen habe: Ich habe jetzt gelernt, die Wahrheit zu sagen - ich lüge nicht mehr. Aber den Zorn habe ich immer noch nicht unter Kontrolle. Wenn jemand etwas tut, was mir nicht gefällt, werde ich ärgerlich. Sobald ich auch noch gelernt habe, nicht mehr zornig zu sein, sage ich es Euch, und dann könnt Ihr mir die nächste Lektion aufgeben."

Völlig verblüfft fragte der Lehrer: „Auf diese Art und Weise also lernst du die Lektion?" Er drückte das Kind an sich: „Mein Lieber, du bist mein bester Schüler. Die anderen haben nur gelernt, etwas aufzusagen, ohne es mit dem Herzen zu begreifen. Du brauchst dir die zweite Hälfte der Lektion nicht mehr anzueignen. Der Teil, den du bereits gelernt hast, ist ausreichend für dein ganzes Leben."

Würden die Menschen auf dieser Welt diese beiden Lektionen lernen, nämlich immer die Wahrheit zu sagen und niemals zornig zu sein, dann bliebe ihnen nichts mehr zu lernen übrig. Aber ihr werdet nicht einen einzigen Menschen auf der Erde finden, der das erreicht hat. Jeder rät den anderen zwar: „Lügt nicht! Sagt die Wahrheit! Seid nicht aggressiv! Bleibt freundlich!", selbst beherzigt er jedoch die Ratschläge nicht, die er anderen gibt.

Mein Meister erzählte gerne folgendes Beispiel: Ein gewöhnlicher, weltlicher Mann begab sich einmal zu einem Heiligen und fragte diesen: „Mein Lieber, wie ist dein Name, bitte?" Der Heilige antwortete: „Mein Name ist 'Der Friedvolle'." Sie unterhielten sich ein wenig, und der Mann fragte noch einmal: „Lieber Heiliger, ich habe deinen Namen vergessen. Würdest du ihn mir bitte noch einmal nennen?" „Nun, wie ich bereits sagte, ich heiße 'Der Friedvolle'."

Nach zwei, drei oder auch fünf Minuten fragte der Besucher erneut: „Lieber Heiliger, leider bin ich sehr vergeßlich, mir ist dein Name schon wieder entfallen. Bitte sag ihn mir noch einmal!" Da ergriff der „Heilige" einen Stock und rief: „Also gut, jetzt werde ich ihn dir beibringen!" Da jammerte der andere: „Nein, nein, sag ihn mir nicht, ich weiß ihn schon: Du bist 'Der Zornige'! Ich habe deinen richtigen Namen herausgefunden. Der andere war nur dein Deckname, aber jetzt kenne ich deinen wirklichen Namen."

Die Leute behaupten zwar von sich selbst, sie seien gute, anständige und wunderbare Menschen, aber in Wirklichkeit ist keiner so. Einmal in meinem Leben begegnete ich jedoch einem solchen Menschen, ich glaube, es ist dreißig Jahre her. Als ich als Ingenieur im Bewässerungsministerium arbeitete, war dort in der Nähe ein Mann, der noch nie gelogen hatte. Ein Angestellter in meinem Büro erzählte mir von ihm. Ich bat ihn: „Bitte, führe mich zu diesem wundervollen Menschen, damit ich ihn wenigstens einmal sehe; denn bis heute bin ich niemandem begegnet, der noch nie in seinem Leben gelogen hat."

Wir begaben uns also an jenen Ort, wo dieser Mann als Buchhalter bei der „New Soldier Transport Company" arbeitete. Er begrüßte uns und brachte jedem von uns zum Zeichen der Gastfreundschaft eine Tasse Tee, den wir gemeinsam tranken. Ich fragte den Mann: „Ich habe erfahren, daß Sie noch nie in Ihrem Leben die Unwahrheit gesagt haben, stimmt das wirklich?" Er erklärte: „Ich erinnere mich zwar nicht, ob ich vielleicht in meiner Kindheit einmal gelogen habe, aber als ich reifer und ein wenig älter war und wußte, was ich tat, habe ich niemals die Unwahrheit gesagt, das weiß ich genau. Ich habe mich immer an die Wahrheit gehalten."

Und er erzählte, daß er dafür oft einen hohen Preis zahlen mußte. Viele Menschen gehen Schwierigkeiten gerne aus dem Weg, indem sie lügen; aber wenn sie etwas falsch gemacht haben und dazu stehen, werden sie manchmal hart bestraft und müssen schwer dafür büßen. Doch jener Mann berichtete, daß er an seinem Ideal unter allen Umständen festhielt, selbst wenn er dadurch große finanzielle Einbußen erlitt oder sehr harte Situationen durchstehen mußte.

Ich versuchte, noch weiter nachzuforschen, was die Ursache für solch ein bemerkenswertes Verhalten war. Gibt man etwas Salz in ein Gemüse, schmeckt es salzig. Streut man Zucker in ein Gericht, wird es süß und schmackhaft. Beides erfolgt nicht ohne Grund. Ebenso gibt es Menschen, die Ganoven, Räuber oder Diebe sind, die betrügen und töten, aber sie sind nicht rein zufällig so geworden, sondern es steckt ein Grund dahinter.

Ist jemand sehr nett, bescheiden, liebevoll und niemals zornig, denkt er von jedem nur Gutes und ist zu jedem freundlich, dann muß auch dafür ein Grund vorhanden sein. *(Der Meister hustet.)* Ich huste jetzt, und auch das hat seine Ursache: Ich versuche nämlich, ein ganz großes Geheimnis zu enthüllen, und das gefällt der Negativkraft nicht. Sie ist überaus verärgert und möchte mich am liebsten ganz heiser machen, damit es mir die Stimme verschlägt und ich nicht über dieses Geheimnis reden kann.

Ich fragte also den Mann: „Haben Sie denn Verbindung zu einem Heiligen oder wurden Sie von jemandem initiiert? Oder machen Sie irgendwelche Übungen?" Er erklärte, daß er einen Meister habe, von dem er initiiert worden sei, und er stehe täglich gegen zwei oder drei Uhr frühmorgens auf. Auch seine Eltern kämen aus dieser Tradition und übten die von den Meistern gegebenen Meditationen aus. Da wurde mir klar, daß darin der Grundstein für diese gute Eigenschaft liegen mußte.

Der Mensch ist so beschaffen, daß er in seinem physischen Körper nichts Eigenständiges darstellt. Er kann sich sowohl zu Gott als auch zum Teufel entwickeln. Er ist in diese Welt nur gekommen, um zu etwas gemacht zu werden. Andere Lebensformen funktionieren gemäß ihrer eigenen mitgebrachten Natur. Katzen oder Ziegen haben ihren eigenen Lebensstil. Sie lernen nichts dazu und können nicht verändert werden.

Ein indisches Sprichwort vergleicht diesen Zustand mit dem geringelten Schwanz eines Hundes. Selbst wenn man den Hundeschwanz begradigen möchte und ihn zwölf Jahre lang in eine gerade Röhre steckt, wird er sich wieder ringeln, sobald man die Röhre entfernt. Wartet man, bis der Hund gestorben ist, so wird sich sein Schwanz auch danach noch ringeln. Die Lebensweisen der Tiere und anderer Lebensformen beruhen auf bestimmten Prinzipien. Sie sind festgelegt und unveränderlich.

Für den Menschen gilt jedoch, daß er ausschließlich zu dem Zweck hierher gekommen ist, in Gott verwandelt zu werden. Ihr mögt bis heute der schlechteste Mensch in Gottes Schöpfung gewesen sein, aber von dem Augenblick an, da ihr zu einem Meister geführt werdet und dieser euch annimmt und auf den Weg des Lebens stellt, werdet ihr in der Lage sein, diesen ganz zu gehen und zu Gott zu werden.

In alten Zeiten wurde den Menschen die Notwendigkeit, einen Meister zu haben, sehr nachdrücklich beigebracht. Jeder war überzeugt, daß man ohne Meister nur in die Hölle kommen könnte. Selbst ein überaus edles, höchst diszipliniertes, wunderbares Leben würde keine Frucht tragen, und man müßte auch dann nur die Höllen erleiden.

Seid ihr jedoch von einem Meister angenommen worden, so mögt ihr danach Sünden über Sünden begehen, eine nach der anderen, ihr werdet dennoch nicht in den Höllen landen. Denn dann gibt es jemanden, der bei euch ist, um euch zu vergeben, euch zu reinigen und zu Gott zu bringen.

Die indische Mythologie berichtet von dem dritten Meister in der Reihe der Sikh-Gurus namens Amar Das. Schon immer war er ein sehr großmütiger und disziplinierter Mensch gewesen, der nur Gutes tat. Einmal im Jahr unternahm er eine Pilgerreise an den Ganges. Das war eine sehr lange Reise; man brauchte etwa drei Monate, um hin- und zurückzugelangen. Da es damals keine Transportmittel gab, legte er den Weg zu Fuß zurück. So hatte er in neunzehn Jahren diese Pilgerfahrt neunzehnmal unternommen, und nun war er zum zwanzigsten Mal unterwegs. Aber da er in seinem Herzen ein aufrichtiges Verlangen trug, Gott zu finden, wollte Gott ihn auf den richtigen Weg zur Gotteserfahrung stellen.

Daher wurde es so eingerichtet, daß er unterwegs einem Initiierten begegnete, der seinem Meister sehr verbunden und ergeben war und der die heiligen Übungen regelmäßig durchführte. Sie setzten gemeinsam die Reise fort und schlossen Freundschaft; denn da sie beide gute Menschen waren, fühlten sie sich von Natur aus zueinander hingezogen. Sie teilten alles miteinander, aßen, plauderten und wohnten zusammen.

Auf dem Rückweg kamen sie zuerst zum Haus von Amar Das. Dieser lud seinen Freund ein, eine Woche bei ihm zu verbringen, damit er sich von den Reisestrapazen erholen und frische Kräfte für den weiteren Heimweg sammeln konnte. Da sie vertraut miteinander waren, nahm der andere dieses Angebot sofort an. Beide nahmen ihr Essen ein, legten sich zu Bett und plauderten noch ein wenig miteinander.

Nun aber stellte der Mann, der einen Meister hatte, Amar Das eine Frage: „Ich habe dir schon so unendlich viel über meinen Meister erzählt, aber du hast über deinen Meister noch gar nichts gesagt! Ich würde mich freuen, wenn du mir auch etwas über deinen Meister erzählen würdest." Amar Das erwiderte schlicht: „Ich habe keinen Meister."

Für ihn war es nicht besonders wichtig, ob man nun einen Meister hatte oder nicht. Sein Gegenüber jedoch traf diese Antwort wie eine Atombombe. Er sprang von seinem Bett auf und rief: „Um Gottes willen, da habe ich in das häßliche Gesicht eines Menschen geschaut, der keinen Meister hat! Ich war tagelang mit dir zusammen und war dein Freund. Ich habe sogar mit dir gegessen! Durch dich habe ich alles zerstört, was ich bis heute erreicht hatte! Ich hätte mich lieber töten sollen als deine Gesellschaft zu suchen!" Außer sich vor Wut und Verzweiflung verfluchte er sich selbst und Amar Das, rannte aus dem Haus und verschwand in der Nacht.

Niemand weiß, wohin er gelaufen ist. Doch er hatte gewaltigen Eindruck auf Amar Das gemacht, so daß dieser sich nun fragte: „Ich habe doch so viele gute und wundervolle Dinge getan, habe mich in Disziplin und Enthaltsamkeit geübt und mache alles, was ein guter Mensch überhaupt nur tun kann. Soll das alles umsonst gewesen sein? Tue ich denn gar nichts Gutes? Dieser Mann hat alle meine Handlungen in Grund und Boden verurteilt und gesagt, daß sie mich nur in die Höllen bringen, solange ich keinen Meister angenommen habe."

Dann wieder betrachtete er das Ganze von einer anderen Seite: „Dieser Mann ist verrückt, was er sagt, ist Unsinn. Das stimmt doch gar nicht." Aber dann dachte er wieder: „Vielleicht hat er ja doch recht, und ich bin im Unrecht. Ich sollte das schon überprüfen!" Die ganze Nacht konnte er keine Ruhe finden. Am frühen Morgen richtete Gott es so ein, daß er seine Schwiegertochter Hymnen von Guru Nanak singen hörte. Sie war vom zweiten Meister nach Guru Nanak, Guru Angad, initiiert worden, und die Hymnen, die sie sang, sprachen immer wieder davon, daß „niemand ohne einen Meister etwas finden konnte und auch heute und in Zukunft niemand, ohne ihn etwas finden wird. Wenn man einem Kind nach seiner Geburt irgend etwas Gutes tun möchte, so sollte man es zu einem Meister bringen und es wenigstens segnen zu lassen. Noch vor seinem Eintritt in das weltliche Leben sollte das Kind initiiert werden und den Weisungen des Meisters folgen."

Nun war Amar Das noch bedrückter: „Jetzt zitiert auch noch ein Mitglied meiner Familie Verse eines Meisters, die genau das gleiche besagen!" Große Sorge erfaßte ihn, und er dachte: „Wenn es ein Fluch ist, auch nur einen Augenblick ohne einen Meister in dieser Welt zu leben, muß ich so schnell wie möglich einen finden!" Er ging also zu der jungen Frau und fragte sie: „Von welchem Meister bist du initiiert worden?" Sie erzählte von dem Meister, der die Nachfolge Guru Nanaks angetreten hatte. So machte er sich nach einem kleinen Frühstück sogleich auf den Weg zu jenem Meister und bat um die Initiation. Als sie ihm gewährt wurde, war er bereits 72 Jahre alt. Danach kehrte er nicht wieder nach Hause zurück, sondern blieb bei seinem Meister, um Seva zu leisten und zu meditieren, denn er war zu der Einsicht gelangt: „Ich habe die gesamten 72 Jahre meines Lebens nutzlos verbracht, es ist schon fast zu spät und ich muß das Versäumte nachholen."

Doch innerhalb von dreizehn Jahren, also mit 85, hatte er den Weg zu Gott zurückgelegt und war eins mit ihm geworden. Und da er geeignet war, diese höchst verantwortungsvolle Aufgabe zu übernehmen, ernannte ihn der zweite Meister zu seinem Nachfolger. Amar Das wirkte bis zum Alter von 107 Jahren als Meister und leistete eine ganz, ganz wunderbare Arbeit! Solltet ihr einmal im Adi Granth lesen, werdet ihr feststellen können, daß die Hymnen des dritten Meisters besonders nachdrücklich betonen, daß man einen Meister haben muß. Sie sagen sehr deutlich, wie das Schicksal jener aussieht, die keinen Meister finden, und wie sehr sie leiden werden. Wer jedoch von einem Meister angenommen wird, erfreut sich großartiger, wundervoller Segnungen.

Ich erinnere mich an den Inhalt einer der Hymnen von Amar Das aus dem Adi Granth. Sie schildert, wie das Schicksal eines Menschen aussieht, der kein Mantra hat und nicht initiiert worden ist. Darin sagt Amar Das, daß das Leben jenes Menschen schlimmer sei als das eines Hundes, eines Schweines, eines Esels - er zählt noch andere Dinge auf - und daß der Betreffende ein schrecklicher Narr und niemand ein größerer Sünder sei als er. Dies entspricht der Wirklichkeit, es ist die Wahrheit! Es ist mitnichten übertrieben.

Einen lebenden Meister zu haben, von ihm angenommen zu werden, ist nichts Gewöhnliches. Um dies zu veranschaulichen, möchte ich euch die Geschichte meines Freundes erzählen, der auch von meinem Meister initiiert worden war. Er war als Ingenieur bei der Eisenbahn angestellt, während ich als Wasserbau-Ingenieur arbeitete. Er erzählte mir einmal die Geschichte seines Onkels mütterlicherseits, der sich eifrig für falsche Aussagen vor den Gerichten benutzen ließ. Er tat also ganz schreckliche Dinge und wurde auch noch so weit gebracht, daß er unterschiedliche Drogen nahm. Viele Leute warnten ihn: „Führe nicht ein solches Leben! Hör auf damit! Besinne dich, damit du hier ein besseres Leben genießen kannst und dir deine Zukunft nicht verbaust!" Aber das Gemüt von Menschen, die so einen schlechten Lebenswandel führen, hängt auch noch eigensinnig daran fest und denkt nicht daran, etwas zu ändern. Eines schönen Tages trug man den leblosen Körper des Onkels aus dem Gerichtsgebäude hinaus und brachte ihn nach Hause. Er war tot. Er hatte eine Überdosis an Drogen zu sich genommen, der sein Körper nicht standhielt.

Mein Freund befand sich zu dieser Zeit im Haus des Onkels zu Besuch. Er war damals etwa siebzehn Jahre alt und war ein oder zwei Jahre zuvor initiiert worden. Ihm war ein wenig bange, denn er hatte noch nie erlebt, daß ein Toter im Haus lag. So wiederholte er den Simran, um sich sicher zu fühlen. Die Leiche wurde zum Verbrennungsplatz gebracht und während einer Feier verbrannt. Mein Freund hielt während dieser ganzen Zeit den Simran.

Danach kehrten alle nach Hause zurück, auch mein Freund, und man begab sich zur Bettruhe. In dieser Nacht erschien ihm im Traum der verstorbene Onkel, der in großer Not und Verzweiflung war und mit entsetztem Gesichtsausdruck und gefalteten Händen seinen Neffen anflehte: „Mein lieber Harbans" - das war der Name meines Freundes - „ich bin in großen Schwierigkeiten und komme, um dich um Hilfe zu bitten. Als ich starb, nahmen die furchtbaren Engel des Todes meine Seele mit und schleppten mich vor den Richter.

Der Richter schaute mich an und ließ meinen gesamten Lebenslauf wie einen Film vor mir abspulen. Von Anfang bis Ende war alles schwarz, schwarz und nochmals schwarz. Nicht ein einziger Augenblick sprach zu meinen Gunsten. Zum Schluß war ein Pfeil zu sehen, unter dem in großen Lettern geschrieben stand: „Zur Hölle". Und ich verstand sehr gut, was damit gemeint war. Dann packte mich ein Todesengel und führte mich an das Tor zur Hölle. Als ich dort stand, schlug eine Stichflamme heraus und versengte mich; dabei stürzte ich rückwärts auf den Boden. Ich sprang auf, rannte zum Richter und warf mich ihm zu Füßen: ‚Bitte habe Erbarmen mit mir! Ich halte diese grauenhaften Flammen nicht einmal hier am Tor aus. Was wird aus mir erst werden, wenn ich hineingeworfen werde?!'

Da erwiderte der Richter: 'Nicht ich schicke dich in die Hölle, ich habe überhaupt nichts gegen dich. Ich bin nicht dein Feind und tue dir auch nichts Böses an! Nein, deine eigenen Handlungen bewirken das. Was du hier erlebst, sind die Früchte deiner eigenen Taten, du hast es dir selbst eingebrockt. In dieser Welt ist niemand dein Feind und niemand dein Freund! Niemand kann dir schaden, niemand kann dir nützen. Nur deine eigenen Handlungen, ausgeführt im Licht des wahren Wissens und der Weisheit des Meisters, können dir helfen. Was du aber unter dem Einfluß deines Gemüts vollbracht hast, wird dich ohne Ausnahme zugrunde richten.

Bisweilen hast auch du die Informationen erhalten, daß du nicht so handeln, sondern deine Lebensweise ändern sollst. Aber du hast ja auf niemanden gehört, und das Ergebnis hast du jetzt auszubaden. Ich bin nicht befugt, den einen besonders hart zu strafen und bei einem anderen Gnade walten zu lassen. Ich muß Pfennig für Pfennig abrechnen.' Als ich ihn aber sehr, sehr demütig und flehentlich bat: 'Bitte, bitte, schau doch nochmals ganz genau nach, ob es nicht irgendeine Möglichkeit der Begnadigung oder Hilfe für mich gibt, damit ich vor diesen Höllenfeuern gerettet werde - sie sind einfach zu furchtbar!', da schaute sich der Richter noch einmal den Film meines Leben an und stellte fest, daß bis zu meinem Tod alles nur Schwarz in Schwarz war. Aber am Schluß entdeckte er etwas zu meinen Gunsten."

Das stammte jedoch nicht von dem Onkel selbst, sondern von seinem Neffen Harbans, dem Initiierten meines Meisters, der bei dem Toten den Simran gehalten hatte. Dieser Simran hatte auf seiner Seele Spuren hinterlassen. „Mein Richter teilte mir nun mit", fuhr der Onkel fort, „daß mein Neffe mir tatsächlich helfen könne, da er der Initiierte eines vollkommenen Meisters sei. Falls er eine Empfehlung gäbe, daß ich nicht in die Höllen geworfen, sondern in die Himmel geschickt werden solle, dann werde dies ausgeführt."

Daraufhin fiel er vor seinem Neffen Harbans auf die Knie und flehte: „Zuerst warf ich mich dem Richter zu Füßen und jetzt dir. Bitte hilf mir!" Mein Freund berichtete, daß ihm in diesem Augenblick bewußt wurde, daß dies ja ein Toter war, der sich ihm näherte und zu ihm sprach. Voller Entsetzen wachte er auf und konnte nicht mehr einschlafen. In der folgenden Nacht erschien ihm der Onkel jedoch erneut im Traum und flehte ihn an: „Lieber Neffe, der Richter wird nicht mehr lange warten. Es ist sehr dringend, bitte tu etwas!" Doch mein Freund erwiderte: „Komm mir bloß nicht wegen deiner schriftlichen Empfehlung zu nahe! Bleib dort! Du bist ein Toter, und ich habe Angst vor dir. Sag dem Richter, daß ich eine mündliche Empfehlung gebe, damit er dich nicht in die Höllen wirft. Er soll dich an irgendeinen erträglicheren Ort schicken."

Der Onkel war immer noch beunruhigt, ob der Richter wohl auch eine mündliche Empfehlung akzeptieren würde, hatte er doch eine schriftliche Empfehlung verlangt! Mein Freund aber ließ sich auf nichts ein: „Ich kann nicht und ich will nicht!" Da machte sich der Onkel ein wenig enttäuscht davon.

Doch in der nächsten Nacht erschien er wieder, diesmal in strahlend weißer Kleidung, weißem Turban und mit einem weißen Schirm in der Hand, und er war überglücklich: „Mein lieber Neffe Harbans, du siehst, wie sehr mir deine Empfehlung geholfen hat. Ich bin gekommen, um dir zu danken." Mein Freund aber fuhr ihn barsch an: „Ich hatte dich doch gebeten, nicht zurückzukommen! Warum bist du schon wieder da?" Da antwortete der Onkel: „Mein Lieber, du hast mir einen so großen Dienst erwiesen, wie soll ich dir da nicht danken wollen? Ich werde jetzt täglich kommen, um mich zu bedanken!"

Meine Lieben, von so großer Bedeutung war ein Initiierter meines Meisters! Ich weiß ganz genau, daß mein Freund nicht einmal meditierte, aber er glaubte und vertraute dem Meister, und wir dienten zusammen seiner Mission in Nordindien. Da war also jemand, der erst ein Jahr zuvor initiiert worden war, der überhaupt noch nicht richtig meditiert hatte, und seine Empfehlung wirkte sich auf jemanden aus, der sein ganzes Leben lang nur Sünden begangen hatte! Schon durch die Empfehlung eines solchen Initiierten erhält man Gnade und Vergebung!

Wenn die Macht des Initiierten eines vollkommenen Meisters so groß ist, welche Macht muß dann erst der Meister selbst besitzen! Mein Freund lebt noch, er ist jetzt ebenfalls pensioniert und ist damit ein wahrlich lebendiges Zeugnis!

Etwas ganz Ähnliches ereignete sich in der Nähe von Delhi. Dort ist ein Dorf, das ich zwei- oder dreimal besucht hatte und wo einige Leute initiiert wurden. Von einer Familie waren alle Mitglieder eingeweiht, nur die alte Mutter konnte nicht mehr initiiert werden. Diese alte Frau wurde eines Tages krank und fiel ins Koma. Dieser Zustand hielt drei oder vier Stunden an, und die Familie glaubte, daß sie nun gestorben sei und traf Vorbereitungen für ihre Verbrennung.

Nachdem die alte Mutter etwa vier Stunden wie tot dagelegen hatte, begann sie sich jedoch zur Überraschung aller zu bewegen und kam wieder zu Bewußtsein. Daraufhin berichtete sie, was ihr zugestoßen war: Sie sei im Inneren einigen Todesengeln begegnet, die ihre Seele aus dem Körper nehmen wollten. Sie sagte: „Euer Meister, dessen Foto dort hängt, kam und wies sie zurecht: 'Geht fort, diese Seele gehört mir und nicht euch! Sie ist zwar nicht eingeweiht, aber einige Mitglieder dieser Familie sind initiiert, deswegen wird die ganze Familie jetzt von mir übernommen, alle gehören zu mir, seien sie initiiert oder nicht'." Der Meister habe ihnen befohlen, von ihr abzulassen, und so mußten sie unverrichteter Dinge gehen.

„Aber etwas später schlossen sich ihnen zwei oder drei weitere Todesengel an, so daß sie nun zu fünft oder sechst kamen, um meine Seele abzuholen. Und wieder erschien euer Meister und war nun wirklich sehr ungehalten: 'Ich habe euch bereits klargemacht, daß diese Seele von mir übernommen wird, ihr habt keinerlei Macht über sie! Kommt ja niemals wieder! Verschwindet! Diese Seele gehört mir. Ich verfahre mit ihr, wie ich es für richtig halte!' Und wieder gingen sie fort. Doch sie erschienen zum dritten Mal, diesmal in Begleitung des Richters. Und nun kamen sie mit großer Macht, um meine Seele zu holen. Da stand der Meister vor ihnen, ungeheuer kraftvoll und streng, und wandte sich besonders an den Richter: 'Wißt ihr nicht, daß die gesamte Familie eines Menschen, der initiiert ist, emporgehoben wird? Glaubt ja nicht, daß irgendeine der Seelen dieser Familie euch gehört! Packt eure Sachen und geht weg, sonst wird es euch schlecht ergehen!' Da zogen sie alle ab, und ich kam wieder zu Bewußtsein. Jetzt geht es mir wieder ganz gut."

So groß ist die Macht der Meister, denn der Meister ist Gott. Und wenn es hier in dieser Welt einen tätigen Gott für uns gibt, dann ist es nicht jener Gott, der in den Himmeln wohnt; denn zu diesem haben wir keine Verbindung. Wenn es einen Gott für uns gibt, ist es der Meister. Er ist unserem physischen Körper als physischer Körper verfügbar und lebt genauso wie wir. Unter der gleichen Bedingung wie wir stellt er freundschaftliche, liebevolle und familiäre Beziehungen her. Sind wir traurig, weil wir einen Verlust erlitten haben oder jemand aus der Familie gestorben ist, so kommt er in unsere Familie und vergießt Tränen mit uns. Gibt es einen freudigen Anlaß und tanzt gar jemand vor Freude, schließt er sich unserer Kaffeerunde an. Seine Größe besteht darin, daß er als Gott unter uns weilt und ebenso lebt wie wir.

Ja, meine Lieben, bevor der Vater nicht seine Position verläßt und sich auf die Ebene des Kindes begibt, kann er das Kind nicht liebhaben. Der Vater muß mit dem Kind zu einem Kind werden. Ich habe einmal beobachtet, wie ein Sohn mit seinem Vater einen Ringkampf austrug. Einmal lag der Vater unten und das Kind war der Sieger, und ein andermal war der Vater oben und das Kind mußte sich geschlagen geben. Auf diese Weise hatten Vater und Sohn ihren Spaß. Sie genossen ihre gegenseitige Liebe. Aber wenn ein Vater streng sagt: "Ich bin der Vater, setz dich dorthin, gehorche mir!", dann ist von Liebe und Freude keine Spur. Es ist nur noch eine sehr nüchterne Angelegenheit - eine langweilige Beziehung!

Der Meister ist aber nicht langweilig und baut auch keine langweilige Beziehung auf. Er besucht uns, er lacht oder lächelt mit uns, er ißt und lebt mit uns, und wir spüren, wie gern er uns hat. Er ist einer von uns. In Indien besuche ich oft die Dörfer, und wohne auch bei Leuten, bei denen es keine Toiletten und kein Bad gibt. Da ich als einer von den Ihren mit ihnen zusammen sein will, muß ich mit einem kleinen Gefäß voll Wasser auf die Felder gehen. „Bist du in Rom, so verhalte dich wie ein Römer!" Bist du in Deutschland, so mache es wie die Deutschen. Man kann seinen Lebensstil anpassen. So habe ich es immer gehandhabt. Ich wollte nicht in Hotels wohnen. Denn wenn ich auf solche Einrichtungen Wert legen würde, ginge mir die Liebe, die liebevolle Verbindung, ja die ganze Beziehung verloren, die wichtiger ist als die Unterkunft.

Gleichzeitig wirkt der Meister jedoch als Gott. Wie ein Fischer gibt er dem Fisch nicht nur etwas zu essen, sondern auch einen Haken. Von außen gesehen gibt er euch oft einen liebevollen Klaps, und von innen ködert er dabei eure Seele. Dann macht ihr die Erfahrung: Wenn er wieder abgereist ist, ist es, als sei alles fort. Und ihr glaubt, daß ihr ihm nachfahren müßt. Doch er erlaubt es euch nicht, nach Indien zu kommen, weil es für euch und auch für ihn problematisch ist.

Darum dachte ich, warum soll nicht ich als „Einer“ dorthin fahren und viele von euch treffen? Ihr freut euch an mir „Einem”, und ich freue mich an euch vielen! Gehe ich aber in meine Himmel, in die achte Ebene, seid ihr alle dorthin eingeladen. Dorthin dürft ihr alle kommen!

Ebenso war es mit Lord Rama: Als man ihn ins Exil verbannte, waren die Menschen in seinem Königreich sehr traurig, und so folgten sie ihm in die Verbannung. Unterwegs, nachdem sie etwa zwei, drei Meilen zurückgelegt hatten, hielt er an, stellte sich auf eine Anhöhe und segnete alle, die aus Liebe und Freundschaft zu ihm ihre Häuser aufgegeben hatten, um ihm ins Exil zu folgen.

Er sprach zu seinen Anhängern: „Ich gehe jetzt ins Exil, irgendwohin in die Wildnis, wo ich nichts besitzen werde. Ich werde leiden und werde auch euch nichts anderes als Leid geben können. Auch ihr werdet dort leiden. Ich bitte euch daher, statt mit mir zu leiden, zurückzukehren und euer Familienleben weiterzuführen. Laßt mich allein leiden, ohne euch!” Doch dann versprach er allen diesen Menschen: „Wenn ich in meine Himmel gehe, wo ich nicht nur für mich, sondern für alle genügend habe, seid ihr dort willkommen! Ihr alle seid dorthin eingeladen, und dort werdet ihr bei mir sein, und wir werden uns alle erfreuen. Wenn ich glücklich bin, werde ich mein Glück mit euch allen teilen. Wenn ich leide, werde ich als einziger leiden."

So macht es auch der Meister. Wenn er in dieser Welt ist, gibt es immer alle möglichen Probleme, Sorgen und Leiden, von denen er die Welt befreien muß. Deshalb sagt er: „Bleibt in euren Häusern und bei euren Familien! Fahrt regelmäßig mit der Meditation und dem Besuch der heiligen Versammlungen, der sogenannten Satsangs, fort und arbeitet auch aktiv im Werk des Meisters mit!" Doch wenn er in seine Himmel zurückkehrt, bleibt er am Tor stehen. Er betritt die fünfte oder achte Ebene nicht, sondern wartet zuerst auf alle, die er bereits eingesammelt, das heißt initiiert hat. Er bleibt davor stehen, bis der Letzte Einlaß in das Reich Gottes gefunden hat. Erst jetzt will auch er in das Reich Gottes eintreten. Jetzt ist er wirklich glücklich: "Meine ganze Familie ist hier, und ich bin auch bei ihr, nun werden wir alle auf ewig glücklich sein."

Es ist wirklich wahr: Bevor ihr nicht die Liebe und Verbundenheit des Meisters erfahren habt, ist es sinnlos, wenn ihr euch alle fünf Milliarden Menschen dieser Welt und auch noch alle 330 Millionen Engel zu Freunden macht. Ich sagte nicht: „Bevor ihr nicht eure Liebe und eure Verbindung zum Meisters kennengelernt habt", sondern „die Liebe oder die Verbundenheit des Meisters". Das Kind schläft nämlich und merkt nicht, wie die Mutter es liebevoll auf den Arm nimmt. Es versteht auch ihre Liebe und ihre Zuneigung nicht, eben weil es schläft. Aber wenn auch keine Liebe und keine Verbindung von seiten des Kindes da ist, besteht doch wenigstens die Verbundenheit und die Liebe der Mutter. Und das ist für das Kind ausreichend. Wacht das Kind jedoch auf, spürt es die Liebe, die Zuwendung und die Fürsorge der Mutter und möchte sie erwidern.

Dieses große Erkennen oder dieses Erwachen geht vor sich, wenn wir uns mehr und mehr mit dem heiligen Licht und dem heiligen Ton verbinden. Der erste Schritt ist auf wunderbare Weise getan und erarbeitet: Wir haben einen menschlichen Körper. Ein jeder von uns hat dieses große Privileg, doch nur sehr wenige nützen es. Es ist, als ob jemand auf einem Schatz von Millionen von Dollar sitzt und ein Leben lang darauf sitzen bleibt, ohne den Schatz je wahrzunehmen.

Dies ist das Schicksal jener Menschen, die keine Verbindung mit dem Meister erhalten, die nicht erweckt und nicht mit der großartigen Quelle der göttlichen Segnungen in sich verbunden sind. Sie leben achtzig, neunzig oder hundert Jahre lang in diesem „Haus", in diesem Körper, in dem auch Gott wohnt, und wo alle Engel und die drei Gottheiten - der Schöpfer, Erhalter und Zerstörer - ebenfalls zu finden sind. Alles ist da, doch wir finden nichts. Wozu erhält man dann den menschlichen Körper?

Doch ihr, die ihr sehr wenige seid - im Vergleich zu den fünf Milliarden stellt ihr ja einen sehr geringen Prozentsatz dar - konntet den zweiten Schritt tun, denn ihr wurdet vom Meister angenommen, und eure Seele wurde erhoben und in Verbindung mit dem heiligen Licht und Ton in das Reich Gottes eingelassen. Der Meister hat euch mit seinen Schlüsseln die Tür zum Reich Gottes geöffnet, und ihr wurdet auch ein wenig vorwärts geschoben - aber ihr schaut immer noch zurück!

So seid ihr also die Glücklichsten. Das erste Glück war, daß Gott euch diesen seinen Tempel geschenkt hat, und das zweite Glück ist, daß euch diese Gabe erschlossen wurde und euch nun zur Verfügung steht.

Euer drittes Glück wartet noch auf euch! Bitte, tut diese kleine Arbeit, die euch noch zu tun bleibt, damit euch auch alle Segnungen, die ihr von Gott und vom Meister erhalten habt, Nutzen bringen. Also tut dies doch bitte! Tut es, weil nur dies euch segnen wird! Etwas anderes gibt es nicht zu tun!

# Glossar

*Adi Granth*
(wörtlich: Adi = von Anbeginn; Granth = die heilige Schrift); die heilige Schrift der Sikh-Religion.

*Amar Das*
(1479-1574), der dritte Meister der Sikh-Religion; lebte im Punjab/Nordindien.

*Astralebene*
Gefühlsebene; die niedrigste (1. Ebene) der fünf spirituell-materiellen Ebenen über der rein physischen. Der Mensch gelangt wieder auf sie zurück, sobald er sein Bewußtsein vom Körper zurückzieht, beziehungsweise beim physischen Tod.

*Astralkörper*
der feinstoffliche Leib, der den physischen Körper umhüllt, durchdringt und beeinflußt und der je nach Gefühlszustand in unterschiedlichen Farben erscheint.

*Avatar*
Inkarnation einer Gottheit, die den Auftrag hat, Gut und Böse im Gleichgewicht zu halten.

*Baba Sawan Singh*
oder Hazur Sawan Singh, (1858-1948), der Meister von Sant Kirpal Singh; lebte in Beas/Indien.

*Baba Jaimal Singh*
auch Baba Ji genannt, (1839-1903), Schüler von Soami Ji und Meister von Baba Sawan Singh.

*Brahma*
hinduistische Gottheit, die das Absolute manifestieren soll. In der Götterdreiheit Brahma, Vishnu und Shiva gilt er als der Schöpfer.

*Brahmand*
Kausal- oder Erkenntnisebene, auf der sich auch die Götterdreiheit von Brahma, Vishnu und Shiva befindet. Es ist die 2. der fünf spirituell-materiellen Ebenen, der Einfluß des Materiellen ist noch relativ stark, aber nicht mehr so stark wie auf der Astralebene.

*Fünfte Ebene*
die höchste der spirituell-materiellen Ebenen, in der die Materie keinen Einfluß mehr hat.

*Gemüt*
faßt in einem Wort zusammen: das Ich-Empfinden, die Gefühle und Gedanken, das Vorstellungsvermögen, die Absichten und Wünsche eines Menschen.

*Gobind Singh*
(1666-1708), neunter Guru der Sikhs in der Nachfolge Guru Nanaks.

*Guru Nanak*
(1469-1539) der Meister, auf dessen Lehre die Sikh-Religion fußt.

*Initiation*
allgemein: Einführung, Einweisung, Einweihung; hier: Einführung in die Meditation auf das innere Licht und den inneren Ton durch einen lebenden Meister.

*Kabir*
(1398-1518) indischer Heiliger, der für die Aussöhnung der verschiedenen Religionen eintrat; Zeitgenosse und Lehrer von Guru Nanak.

*Karma*
Gesetz der Kausalität, d.h. von Ursache und Wirkung; die Frucht der Gedanken, Worte und Taten aus vergangenen Lebensläufen und dem gegenwärtigen Leben.

*Kausalebene*
siehe Brahmand.

*Kausalkörper*
nach Ablegen des Astralkörpers befindet sich die Seele im Kausalkörper.

*Kirpal Singh*
(1894-1974), spiritueller Lehrer und Meister von Sant Thakar Singh, Präsident der Weltgemeinschaft der Religionen.

*Krishna*
oder „Lord Krishna", Inkarnation Vishnus.

*Mahabharata*
indisches Nationalepos, religiöses Heldenlied mit mehr als 80.000 Versen.

*Negativkraft*
Zur Erschaffung der spirituell-materiellen und rein materiellen Welten ging aus dem Geist Materie hervor. Man kann den Geist auch „Positive Kraft" und die Materie „Negative Kraft nennen. Die Negativkraft ging aus der Positiven Kraft hervor und kann als ihr Gegenteil bezeichnet werden.

*Rama*
Inkarnation Vishnus.

*Satsang*
Verbindung mit der Wahrheit; Zusammensein und Gemeinschaft mit einem Heiligen oder vollendeten Meister.

*Seva*
selbstloser Dienst.

*Simran*
aufmerksame und liebevolle Wiederholung und Erinnerung; hier: Wiederholung der fünf heiligen Namen, die der Schüler bei der Initiation auf Licht und Ton erhält.

*Shiv Dayal Singh*
(1818-1878) auch Soami Ji genannt; spiritueller Meister aus Agra.

*Shiva*
hinduistische Gottheit, die das Absolute manifestieren soll; in der Götterdreiheit Brahma, Vishnu und Shiva gilt er als der Zerstörer.

*Vishnu*
hinduistische Gottheit, die das Absolute manifestieren soll; in der Götterdreiheit Brahma, Vishnu und Shiva gilt er als der Erhalter.

*weltlich*
hier: ausschließlich an der Materie beziehungsweise an Vergänglichem orientiert.

*Wesenheiten*
Kräfte, die eigenen Gesetzmäßigkeiten gehorchen und die sich in einem Menschen verselbständigen können; man spricht dann auch von Besessenheit z.B. von Dämonen.

*WORT-Gott*
Gott als das schöpferische Prinzip; hier wird Bezug genommen auf Johannes 1,1: „Am Anfang war das Wort..."

# Zur Biographie des Autors

Sant Thakar Singh wurde am 26. März 1929 in einem kleinen Dorf in Nordindien geboren. Nach dem Examen trat er 1951 in den indischen Staatsdienst ein.

Sechsundzwanzig Jahre lang war er als Wasserbauingenieur an vielen Orten in Indien tätig. Er lebt jetzt von seiner Pension und erhält für seine Vorträge und Unterweisungen kein Honorar. Spenden gibt er ausnahmslos und direkt für ideelle Zwecke und an die von Schülern gegründeten Vereine weiter.

Seit November 1975 führt Sant Thakar Singh die spirituelle Aufgabe seines Meisters Sant Kirpal Singh fort. Weltweit gibt es über eine halbe Million Schüler, in Europa über 25.000. Auf Einladung seiner Schüler besuchte Sant Thakar Singh auf mehreren Reisen Menschen in allen fünf Erdteilen.